Frau Aventiure

Victor von Scheffel

Impressum

Autor: Victor von Scheffel
Umschlagkonzept: toepferschumann, Berlin

Verlag: tredition GmbH, Hamburg
ISBN: 978-3-8495-3192-8
Printed in Germany

Tucholsky Wagner Zola Scott Sydow Freud Schlegel
Turgenev Fonatne
Wallace
Twain Walther von der Vogelweide Fouqué Friedrich II. von Preußen
Weber Freiligrath
Kant Ernst Frey
Fechner Weiße Rose von Fallersleben Richthofen Frommel
Fichte Hölderlin
Engels Fielding Eichendorff Tacitus Dumas
Fehrs Faber Flaubert
Eliasberg Ebner Eschenbach
Maximilian I. von Habsburg Fock Zweig
Feuerbach Eliot Vergil
Ewald Elisabeth von Österreich
Goethe London
Mendelssohn Balzac Shakespeare Rathenau Dostojewski Ganghofer
Lichtenberg Doyle Gjellerup
Trackl Stevenson Hambruch
Mommsen Tolstoi Lenz Droste-Hülshoff
Thoma Hanrieder
Dach Verne von Arnim Hägele Hauff Humboldt
Karrillon Reuter Rousseau Hagen Hauptmann Gautier
Garschin Baudelaire
Damaschke Defoe Hebbel
Descartes Hegel Kussmaul Herder
Wolfram von Eschenbach Dickens Schopenhauer Rilke George
Bronner Darwin Melville Grimm Jerome
Campe Horváth Aristoteles Bebel Proust
Bismarck Vigny Barlach Voltaire Federer Herodot
Gengenbach Heine
Storm Casanova Tersteegen Gilm Grillparzer Georgy
Chamberlain Lessing Langbein Gryphius
Brentano Lafontaine
Strachwitz Claudius Schiller Kralik Iffland Sokrates
Katharina II. von Rußland Bellamy Schilling
Gerstäcker Raabe Gibbon Tschechow
Löns Hesse Hoffmann Gogol Wilde Gleim Vulpius
Luther Heym Hofmannsthal Klee Hölty Morgenstern
Roth Heyse Klopstock Goedicke
Luxemburg Puschkin Homer Kleist
La Roche Horaz Mörike Musil
Machiavelli
Navarra Aurel Musset Kierkegaard Kraft Kraus
Nestroy Marie de France Lamprecht Kind Kirchhoff Hugo Moltke
Laotse Ipsen Liebknecht
Nietzsche Nansen Ringelnatz
Marx Lassalle Gorki Klett Leibniz
von Ossietzky May vom Stein Lawrence Irving
Petalozzi Knigge
Platon Pückler Michelangelo Kafka
Sachs Poe Kock
de Sade Praetorius Mistral Liebermann Korolenko
Zetkin

Der Verlag tredition aus Hamburg veröffentlicht in der Reihe **TREDITION CLASSICS**
Werke aus mehr als zwei Jahrtausenden. Diese waren zu einem Großteil vergriffen
oder nur noch antiquarisch erhältlich.

Symbolfigur für **TREDITION CLASSICS** ist Johannes Gutenberg (1400 — 1468),
der Erfinder des Buchdrucks mit Metalllettern und der Druckerpresse.

Mit der Buchreihe **TREDITION CLASSICS** verfolgt tredition das Ziel, tausende
Klassiker der Weltliteratur verschiedener Sprachen wieder als gedruckte Bücher
aufzulegen – und das weltweit!

Die Buchreihe dient zur Bewahrung der Literatur und Förderung der Kultur.
Sie trägt so dazu bei, dass viele tausend Werke nicht in Vergessenheit geraten.

Text der Originalausgabe

Victor von Scheffel

Frau Aventiure

Lieder aus Heinrich von Ofterdingens Zeit

J. V. von Scheffels
Gesammelte Werke

in sechs Bänden

Mit einer biographischen Einleitung

von

Johannes Proelß

Sechster Band

Frau Aventiure — Gaudeamus.

Stuttgart, Adolf Bonz & Comp.

Vorwort.

Frau Aventiure will dies Büchlein heißen. Einst war sie die viel-
gekannte und vielgenannte Freundin streitbarer und minnefreudi-
ger Jugend, ein Weib schier göttlichen Ursprungs und Ansehens,
das mit großer Gefolgschaft rauschenden Umzug hielt durch die
Lande und die Welt mit Speerkrach, Reigenlust und süßem Getön
erfüllte. Gerne auch nahm sie Einkehr bei Dichtern, saß traulich zu
ihnen an das Herdfeuer, kürzte die Mitternächte mit vergessener
Mären Erzählung, heilte die Wundsiechen und tröstete, wem durch
Liebe Leid geschehen war. »Tu auf!« rief's pochend einst vor Herrn
Wolframs von Eschenbach Kemenate, »tu auf, ich will ins Herze hin
zu dir!« »Da begehrt Ihr zu engem Raume,« sprach kühl abwehrend
der Ueberraschte, aber schwichtigend mahnte es wieder von außen:
»Mein Dringen sollst du selten klagen, ich will dir nur von Wunder
sagen« – und an ferneres Türabsperren war nicht mehr zu denken.
»Ja seid Ihr's, Frau Aventiure?« grüßte der Freund von Pleyenfelden
gerührt der alten Freundin entgegen und nahm sie auf in die enge
Herberge, und sie offenbarte ihm, dessen er benötigt war, des jun-
gen Parzivals weitere Fahrtgeschichten.[1]

Seitdem der Geschütze Knall, der Maschinen Hammerschlag und
des Dampfwagens Pfiff die Lüfte durchschüttert, ist der hehren
Frau Getöse verstummt; auf städtischem Asphaltpflaster und in
Eisenbahnhöfen wird sie nicht gesehen, und es verlautet nicht, daß

---

[1] Vergl. Parzival 433, 1.

die Kammertüren von Dichtern noch mit Aufsprengung von ihr bedroht werden. Mit zu viel ewiger Jugend begabt, um sterben zu können, aber unfähig, die anders und älter gewordene Welt und sich selbst zu verjüngen, fristet sie ein halbverschollen Matronenleben, meist auf stillen Bergeshöhen, wo der Wald den stolzen Erinnerungsschutt ihrer Jugend mit Frühlingsgrün überrankt; zuweilen auch zeigt sie sich betend in wetterbraunen Münstern und Kreuzgängen, oder, siegelbehangene Urkunden und schönbemalte Pergamentbände lesend, in moderduftigen Archiven und Büchereien. Das Volk kennt ihren Namen nicht mehr und fürchtet sie an manchen Orten als Gespenst, dem fürsichtige Männer den Uebernamen Romantik erfanden und allerlei Gefährliches nachsagen.

Dem Schreiber dieser Blätter hat sie sich verzeigt nach den denkwürdigen Septembertagen des Jahres 1857, da man in der Stadt Karl Augusts die Erzbilder der Heroen enthüllt hatte, die unser Jahrhundert mit dem Widerschein ihres sonnig freien Geistes durchleuchten. Damals war dem Heimkehrenden vergönnt, in dem Sängersaal der thüringischen Landgrafenburg vor das aus schöpferischer Seele geborene Wandgemälde zu treten, in welchem Moriz von Schwind den sagenhaften Sängerwettkampf des Jahres 1207 darzustellen versucht hat. Eine Betrachtung über die mehr als zufällige Fügung, daß nicht nur in jener glänzenden Literaturepoche, von deren Festfeier die Nichteinheimischen zurückdampften, sondern schon sechs Jahrhunderte früher eine frühlingslustig emporgedeihende deutsche Kunst von allen Gauen und Enden des Vaterlandes her in Thüringen wie in einem natürlichen Mittelpunkte sich einnisten und unter eines geistig mitempfindenden Fürsten Schutz zu höherem Fluge die Schwingen entfalten durfte, war in jenen von Baumeister und Maler mit allem Zauber einer gestaltend rückwärts schauenden Phantasie verklärten Räumen leicht angeregt.

Damals gedachte ich: »Hei, wer so viel erfahren dürfte und erführe, daß er mit den halbmythischen Schemen dieser mittelalterlichen Sänger, ihrem Leben, Fühlen und Dichten samt den starren und treibenden Kräften ihrer Epoche vertraut würde wie mit Goethes und Schillers klarer Zeit!« und langsam ehrwürdig, als hätte sie in einem Erdgeschoß des Landgrafenpalas weltentrückt wie Kaiser Rotbart im Kyffhäuser die Jahrhunderte verschlafen, kam auf den Steinstufen unter der Sängerlaube Frau Aventiure emporgestiegen und sprach, dieweil Lächeln unsterblicher Jugend die Lippen umspielte: »Vertrau dich mir, ich führe dich zu jenen!« ... Und sie hat ihr Wort redlich gehalten und mich mit den Gefährten ihrer Blütetage bekannt gemacht, daß mir deren Sprache und Kunst keine fremde mehr ist. Manch guten Rasttag hab' ich jenen Findern wilder Mären gelauscht, manch guten Wandertag bin ich über Berg und Tal ihren Spuren, die bis weit an die Donau hinab weisen, nachgezogen. Man mag von der Kultur des dreizehnten Jahrhunderts urteilen, wie man will: eine Zeit, die als Marksteine ihrer epischen Dichtung auf der einen Seite den Parzival, auf der andern das Nibelungenlied, als Zeugnis ihrer Lyrik hier den gemütreichen Erstlingstrieb des deutschen Minnesangs, dort das üppige lateinische Tirilieren der fahrenden Schüler hinterlassen hat, wird dem Forscher, auch wenn er nicht mit schwärmender Sehnsucht nach ihr zurückblickt, noch langehin Gegenstand umfangreicher und ergiebiger Untersuchung bleiben.

Dem Dichter aber, an welchem des Meisters Fridank Spruch: »Mein Herz im Traume Wunder sieht, das nie geschah und nimmer geschieht« in Erfüllung gegangen, sei für heute nur vergönnt, einen Strauß von Liedern, wie er auf der Frau Aventiure von Mailust und Tanzfreude durchwehten Blumenangern hundertfältig zu pflücken ist, prunklos und formlos zusammenzubinden, als unvollkommnen, langsamen und ernsten Studien mit Fiedelklang vorauseilenden Ausdruck aufrichtigen Dankes, den er einem hohen Schirmherrn deutscher Kunst schuldet.

Stelle dir vor, geneigter Leser, in jenen weltlich fröhlichen geräuschvollen Tagen, die den asketisch strengen der heiligen Elisabeth vorausgingen, sei ein schriftkundiger Mann, der mit

ritterlichen Sängern und Singerknaben, mit Mönchen, Spielleuten und fahrenden Schülern bunten Verkehr hatte, auf den Einfall gekommen, eine Sammlung von Liedern, wie der Zufall sie ihm zutrug, anzulegen. So du freudigen Sinn hast für altertümliche Weisen, so laß dich umsummen von ihrem Getön und versetze dich ein Stündlein oder zweie in luftige Träume im Rundbogenstil.

Im Frühjahr 1863.

Wartburglieder.

Wächterlied.

(Neujahrsnacht des Jahres 1200.)

Schwingt euch auf, Posaunen-Chöre,
Daß in sternenklarer Nacht
Gott der Herr ein Loblied höre
Von der Türme hoher Wacht;
Seine Hand führt die Planeten
Sichern Laufs durch Raum und Zeit,
Führt die Seele nach den Fehden
Dieser Welt zur Ewigkeit.

Ein Jahrhundert will zerrinnen
Und ein neues hebt sich an,
Wohl dem, der mit reinen Sinnen
Stätig wandelt seine Bahn!
Klirrt sie auch in Stahl und Eisen,
Goldne Zeit folgt der von Erz,
Und zum Heil, das ihm verheißen,
Dringt mit Kampf ein mannlich Herz.

Rüstig mög' drum jeder schaffen,
Was sich ziemt nach Recht und Fug,
In der Kutte, in den Waffen,
In der Werkstatt wie am Pflug:
Dazu, Herr, den Segen spende
Deiner Burg, dem Berg, der Au...
Netz an des Jahrhunderts Wende
Sie mit deiner Saelde Tau.

Wartburg-Heimweh

... nobile illud castrum Wartberc

Chronic. Erphordiens.

Wo ich streife, wo ich jage,
Bleibt ein Wunsch mir ungestillt,
Weil ich stets im Sinne trage,
Wartburg, deiner Schönheit Bild.
In des Forsts umlaubtem Grunde,
In der Talschlucht dunklem Graus
Sehnt das Aug' zu jeder Stunde
Sich nach dir, mein »Herz-ruh-aus«!

Hei, nun ist der Grat erstiegen,
Der sich hub als Scheidewand.
Und ich seh' dein Banner fliegen
Fern um schmalen Felsenrand...
Gleich erregten Meereswogen
Sträubt sich Berg an Berg empor,
Deiner Mauern lichter Bogen
Ragt als Leuchtturm drüber vor.

Und ich kenn' aus luft'ger Ferne
Jedes Stück des stolzen Baus,
Bergfried, Zwinger und Zisterne,
Palas, Tor und Ritterhaus:
Und ich grüß' die kleine Lücke
In des Turmes hoher Wand,
Wo ich mir und meinem Glücke
Eine zweite Heimat fand.

Der Bauleute Sang

nach Vollendung des Landgrafenhauses

Dem Meister Heil, der hier in treuem Sinnen
Das Haus erschuf an steiler Felsenwand,
Im Waffenschmuck der Türme und der Zinnen
Wie ragt es königlich hinab ins Land!
Nach seinem Plan ward Stein auf Stein gerücket,
Der Raum geteilt, der Giebel aufgedacht:
Was uns in Hof wie Halle itzt entzücket,
Der kühne Schwung, das Ebenmaß, die Pracht,
    Ist seine Schöpfung. Fröhlichem Gelingen
    Half ernster Fleiß und unermüdet Ringen.

Wie schnell zergeht, was andre Künste schaffen,
Das Wort verfliegt, der süße Ton verhallt,
Die reichste Farbe wehrt nicht als Gewaffen
Der Zeit Verwüstung, und ihr Schmelz wird alt.
Er aber hat sein Werk in Stein gedichtet
Und in den Berggrund quaderfest versenkt,
Nun steht's für alle Zukunft aufgerichtet
Bis keiner mehr in deutscher Zunge denkt,
    Wahrzeichen fester Kraft und hoher Milde,
    Dem Feind zum Trutz, dem Freund zu Hort und
Schilde.

Erspart bleibt fürder, willst du Schönheit schauen,
Die Pilgerfahrt nach welschem Land und Meer,
Wetteifernd mit dem besten fremder Gauen
Prangt hier ein Kleinod, kunstdurchglänzt und hehr;
Gleich einem jener Marmorprachtpaläste,
Entstiegen aus Venedigs Meeresschoß,
Hebt sich Thüringens jungfräuliche Veste
Auf deutschem Berge säulenschlank und groß:
    Statt Salzflutwogen rauscht um ihre Mauern
    Der Eichen und der Buchen flüsternd Schauern.

Nun walte Gott ob den geschmückten Räumen
Und schirme, den die Burg als Herrn verehrt:
Viel gutes Tagwerk und viel süßes Träumen
Sei ihm und all den Seinen drin beschert.
Der Meister gibt die Schlüssel aus den Händen,

Ihn lobt sein Werk, er selber zieht davon;
Als Mann der Jugend Kunsttraum zu vollenden,
Ward ihm verliehn zum besten Arbeitlohn.
    Im Grundstein seines Baues ruht ein Segen:
    Heil ihm und den Bewohnern allerwegen!

Wartburg-Dämmerung.

Die Sonne ist verglommen
Und Dämmrung wandelt sacht,
Willkommen, Gottwillkommen,
O Burg auf hoher Wacht:
Gleich einem, dem im Dunkeln
Der Freundin Auge winkt,
Hat mir ein spätes Funkeln
Vom Turm noch zugeblinkt.

Denn wie der Tag erstehend
Mit erstem Strahl dich grüßt,
Hat er, zur Rüste gehend,
Zuletzt noch dich geküßt.
Noch schmiegt sich warm ein Glühen
Um deiner Felsen Moos,
Als riss' es nur mit Mühen
Und Schmerz von dir sich los.

Dich liebt das Licht. Es webet
Goldfäden in dein Kleid,
Und jeden Stein umschwebet
Ein Hauch von Heiterkeit:
Drum hebt das Herz sich freier,
Der Sinn wird frisch und rein,
Dunstnebels blasser Schleier
Hüllt nur die Niedrung ein.

Und was am Niedern lieblich,
Vertörung, Haß und Wahn,
Das kreucht und keucht vergeblich

Zu deinen Höhn hinan.
Zu Gottes klaren Sternen
Hebst du das Haupt empor,
Aus lichten Himmelsfernen
Hörst du der Engel Chor.

Wartburg-Abschied.

Schon jagt der Winterwind im Land
Das Laub von Busch und Bäumen,
Schneeweiß erblinkt der Höhen Rand...
O Burg, ich muß dich räumen!
Im blauen Banner sah ich gern
Den streifigen Leuen glasten,
Wohl dem, der bei des Leuen Herrn
Als Fahrender darf gasten!

»Der Landgraf ist so wohlgemut,
Daß er mit stolzen Helden,
Was er an Schätzen hat, vertut,
Und solcher Sinn ist selten.
Fährt Zug um Zug zum Hofe ein
Und droht ihn aufzuzehren:
Er klagt noch, daß zu wenig sei'n,
Die seines Gutes gehren.[2] [EndFootnote]

Bei ihm zerrint die schlimme Zeit
Mit Stechen und Tjostieren,
Mit Ritterspiel und Hövischheit,
Foresten und Turnieren;
Das beste Roß verschenkt sein Mund,

---

[2] da was michel hêrschaft
wunne unde wirtschaft,
iedoch klagete Enêas
daz ir sô wênich dâ was
die sines gûtes gêrden.

H. v. Veldeke Eneis 13001 u. ff.

Als ob's ein Lamm nur wäre,
Und gält ein Weinfaß tausend Pfund,
Stünd' doch kein Becher leere.«

Der in den oren siech von ungesühte si,
daz ist mîn rât, der laze den hof ze Düringen frî:
wan kumet er dar, dêswâr er wirt ertoeret.
Ich hân gedrungen unz ich niht mê dringen mac:
ein schar fert ûz, diu ander in, naht unde tac:
groz wunder ist, daz iemen dâ gehoeret.
der lantgrâve ist sô gemuot
daz er mit stolzen helden sîne habe vertuot
der iegeslîcher wohl ein kenpfe waere.
mir ist sîn hôhiu fuore kunt:
unt gulte ein fuoder guotes wînes tûsent pfunt
da stüend doch niemer ritters becher laere.

Walter von der Vogelweide (herausgegeben von Wackernagel und Rieger, Giessen 1862, p. 20).

lantgrâf von Dürngen Hermann
het în ouch lîhte ein ors gegebn.
daz kunder wol al sîn lebn
halt an sô grôzem strîte,
swa der gernde kom bezîte.

Wolfram von Eschenbach im Willehalm 417, 22.

Der werde fürste rîche
was zu koste swinde:
grôz was sîn ingesinde
von knehten unde von magen,
die sîn mit dienste phlâgen;
er hatte wirtschaft ellen dac.
Der fürste ouch hoves dicke phlac
daz in die herren suochten
die bî îme ouch geruochten
ze drîbene kurze wîle
verre über mannige mîle
quam im ritterschefte gnuoc
die alle ir eigen wille truoc
daz sie gerne quâmen dar
und âventûre nâmen war.
Man suochte den wîganden
uz allen tûtschen landen,

Ungere und Rûzen,
Sassen und Prûzen
Denen mit den Winden
sich liezen ouch dâ finden.
Bêheime und Polâne
mit grâven die sopâne,
dienstherren unde frîen vil
sî alle suochten ritterspil;
stechen, justieren,
fôresten und durnieren:
wes man zuo ritterschefte gert
des was man alles dâ gewert.
Dâ was auch manic hübes man:
des sînen dirre unde der began
wes man vor herren phlegen sol.
der fidelte ûz der mâzen wol,
der sluoc die drumen, dirre pfeif,
der ander süeze wîse greif
an harpen unde an rotten.
Franzôsen unde Schotten
Dûtsche unde anders ieder man
sin ammet wîsen dâ began
unde irzougen sîne kunst:
sie suochten garlîche alle gunst
der fürsten unde der frîen.
Man hôrte dâ schalemîen,
da schullen die busûnen,
Man sach da pauwelûnen,
manic keiserlich gezelt
ûf geslagen an daz felt
dar under herren lagen
wanne si raste phlâgen.
Noch was dâ maniger leige diet:
die sprâchen, diese sungen liet
daz man în meisterschefte iach.
Her Wolfram von Essebach,
der Tugenthafte Schrîber,
her Reimâr unde her Walter
von der Vogelweide;
dâ bî was ouch gereide
zu sange meister Bitterolt
unde in gefuger ungedolt
Heinrich von Ofterdingen:

die alle wolden singen
wider ein in krieges wîs
wer dâ behilde sanges prîs.

Sante Elisabeten leben v. 138 u. ff. mitgeteilt von
H. Kurz, Geschichte der deutschen Literatur I. p. 469
und Max Rieger, 90. Public. des Stuttg. liter.
Vereins. p. 67.

So lebt, o Herr, im Liede schon
Dein Lob und Anerkenntnis,
Und uns erquickt als bester Lohn
Ein freies Kunstverständnis.
Dir hat Frau Aventiuren Kuß
Die Jünglingstirn geadelt,
Hoch ehrt dein Lob, doch danken muß
Auch der, den du getadelt.

Du hältst in kundig sichrer Faust
Die echte Wünschelrute,
Wo sie sich rührt, quillt und entbraust
Ein Strom von geistigem Gute.
Kraft, die sich zag nicht selbst vertraut,
Weckst du zu keckem Schaffen
Und rüttelst von der Bärenhaut
Die Trägen und die Schlaffen.

Und ziemt ein Wunsch, so sei es der:
Ueb Maß in deinen Milden,
Es singt und siedelt auch ein Heer
Von Stegreifvolk und Wilden.
Setz einen Key als Seneschal
Zum Scheuche der Scherwenzer
Und sondre kunstgevügen Schall
Vom Dudeln der Schnarenzer.[3]

---

[3] Von Dürngen fürste Herman!
etslîch dîn ingesinde ich maz
das uzgesinde hieze bas.

Nun schirme Gott, du werter Mann,
Dein sinniges Gebaren!
Mein Dichten bleibt dir untertan,
Wohin ich auch mag fahren.
Magnetisch macht ein Druck der Hand
Der Lieder Knospen sprossen...
Bei Sold und Gold und Prunkgewand
Gedeihn sie nur verdrossen.

Wann werd' ich an die Säulenzier
Des Burghofs wiedrum lehnen?
Das Tor knarrt auf... schon bläst man mir...
Mein Aug' füllt sich mit Tränen.
Der besten Nachtigallen Schlag
Und Herzen sonder Tücke
Und aller Freuden Ostertag
Laß ich mit Schmerz zurücke.

---

dir waere ouch eines Keien nôt,
sît wâriu milte dir gebôt
sô manecvalten anehanc
etswâ smaehlîch gedranc
und etswâ werdez dringen.
dez mouz hêr Walter singen
»guoten tac, boes unde guot.«
swâ man solhen sanc nu tuot
des sint die valschen gêret.
Kei hets in niht gelêret
noch der Heinrich von Rîspach.

Parzival 297, 16 ff.

Altfranzösisch

La régine Avillouse.

Frühlingstanzreigen

La régine Avrillouse

1) Al entrade pel tens clar   eya!
pir joie recomençar   eya!
et pir jalous irritar   eya!
vol la Régine monstrar
k'ele est si amorouse.
     Alavi, alavi, jalous
     lassaz nos, lassaz nos
     ballar entre nos, entre nos!

2) Ele a fait par tout mandar
non sie, jusqu'à la mar
pucele ni bachelar
que tuit ne vengnent dançar
en la dance joiouse.
     Alavi etc. etc.

3) Le reis i vent d'autre part
pir la dance destorbar
que il est in cremetar
que on li vuelle amblar
la Régine Avrillouse.
     Alavi etc. etc.

4) Mais por neient li vol far
k'ele n'a soig de viellar
mais d'un légeir bachelar
ki ben sache solaçar
la donne savorouse.
     Alavi etc. etc.

5) Qi dont la véist dançar
et son gent cors deportar
ben puist dire de vertar

k'el mont non siè sa par
la Régine joiouse.
    Alavi etc. etc.

Mitgeteilt von Leroux de Lincy in P. Lacroix und F. Seré, le moyen âge et la renaissance, Paris 1851. tom II. Das graziöse Lied, den letzten Dezennien des XII. Jahrhunderts entstammt, in der Mundart von Poitou gedichtet, ist eine jener Tanzweisen (von dem sich Vorwärts- und Zurückbewegen der Gruppen latein. retroientia, provenzal. retroensa, französ. retrowange genannt und in Deutschland als Ridewanz volkstümlich geworden), welche das uralte Motiv germanischer Reigenlust, den mit Gesang und strophischem Tanz geordneter Scharen unter Vorantritt von Mummgestalten sich vollziehenden Kampf und Sieg des Frühlings über den Winter, darstellen; hier in der höfisch feineren Symbolik des Zwistes der jungen, lebensfreudigen Maikönigin mit dem alten grämlichen Gemahl. Die französische Frühlingszeitrechnung ist der deutschen um einen Monat voraus. Was diesseit des Rheines der Mai vorstellt: Blütezeit, kosendes Erwachen der Schönheit und strahlende Jugend, ist jenseitig schon der April.

1.

Genaht voll Glast und Sonne
Ist uns die klare Zeit,
Die Welt schwebt neu in Wonne,
Der Eifersucht zu leid;
Ein Hauch von Flöten und Geigen
Kommt durch die Luft geweht,
Die Königin will zeigen,
Daß sie zu scherzen versteht.
    Auf die Flucht, Eifersucht!
    Schleich beiseit, finstrer Neid!
    Wer will uns verwehren
    Ein Tänzlein in Ehren
    Und ganz unter uns?

2.

Sie hieß die Boten traben
Allum bis an das Meer:
»Jungfräulein, Ritterknaben,
Ihr alle müßt mir her!
Die Füße sind zum Springen,
Die Rosen sind zum Kranz,
Ihr sollt euch alle schwingen
Im heitern Ridewanz.
    Auf die Flucht, Eifersucht,
     Schleich beiseit, finstrer Neid!
    Wer will uns verwehren
    Ein Tänzlein in Ehren
    Und ganz unter uns?«

3.

Da von der andern Seiten
Tritt der Herr König ein,
Er will den Tanz nicht leiden
Und griesgramt: »Haltet ein!
Ihr Völklein sollt verspüren,
Daß ich ungnädig bin,
Und sollt mir nicht entführen
Meine Frau Königin!
    Auf die Flucht, Flattersucht,
    Tritt beiseit, Leichtsinnigkeit!
    Wer wagt hier solch Kosen,
    Solch Scherzen und Tosen?
    Der Lärm nehm' ein End!«

4.

Sie lacht: »Ihm wird sein Willen
Um keinen Preis getan,
Denn unsre Wünsche stillen
Kann kein steinalter Mann;
Das kann nur ein jungfeiner,
Ein Baccalaureus,

So zart wie der weiß keiner,
Wie man uns trösten muß.
    Auf die Flucht, Eifersucht,
    Schleich beiseit, finstrer Neid!
    Wer will uns verwehren
    Ein Tänzlein in Ehren
    Und ganz unter uns?«

5.

Wer sie nun sieht entschweben,
Wie sie den schlanken Leib
Zu wiegen weiß und heben,
Der spricht: »O selig Weib!
In aller Herren Reichen
Bis nach Arabia hin
Hat nimmer ihresgleichen
Die lustige Königin!
    Auf die Flucht, Eifersucht,
    Schleich beiseit, finstrer Neid!
    Wer will uns verwehren
    Ein Tänzlein in Ehren
    Und ganz unter uns?«

Chrestien von Troies.

»de iolif cuer chanterai
bone amor men prie..«

Crestien von Troies sei darum mit einem Liede aufgeführt, um an
den großen Einfluß zu erinnern, den seine zahlreichen Schöpfungen
auf zeitgenössische deutsche Meister ausübten; Wolfram von
Eschenbach wie Hartmann von Aue haben ein gut Teil ihres epi-
schen Ruhmes dem champanischen Trouvère zu verdanken. Vergl.
W. L. Holland, Crestien von Troies, eine literaturgeschichtliche
Untersuchung, Tübingen 1854 und li romanes dou chevalier au lyon,
Hannover 1862. Den Text des vorstehenden Liedes gibt
W. Wackernagel, Altfranzösische Lieder und Leiche, Basel 1846.
n° VIII li rois Richar (mitgeteilt von Wackernagel a. a. O. n° XXII.) mag

eine Anschauung geben, wie in einer Zeit, die keine gedruckten Parlamentsreden und keine telegraphierten diplomatischen Noten als Mittel der Politik kannte, die »chanson« ein mächtig Werkzeug im Munde der Herrscher sein konnte. Der Schmerzensruf des gefangenen Königs an seine Vasallen in England und auf dem Festland, warnend, ihm bei den Angriffen der seine Haft benützenden Krone Frankreich nicht treubrüchig zu werden, mahnend, das notwendige Lösegeld mit Anstrengung aufzubringen, konnte, durch ergebene Minstrels von Burg zu Burg versungen, aufstachelnder Wirkung nicht verfehlen. Die Schwester, an die der Schluß sich wendet, ist wohl Johanna, vermählt in zweiter Ehe mit Raimond V., Grafen von Toulouse, den König Richard der Lehenabhängigkeit von ihm und seinen Nachfolgern entbunden hatte und von dem er für diesen Dienst Gegendienst zu heischen berechtigt war. – Am 24. März 1193 war der auf der Heimkehr von Syrien in Oesterreich Gefangene auf die Reichsfeste Drivels eingebracht worden. Die Auftreibung der auf den gewaltigen Betrag von 100 000 Mark Silbers *vor* der Entlassung und 50 000 nach der Entlassung erhöhten Loskaufsumme verzögerte seine Befreiung. Am letzten Februar 1194 öffnete sich ihm das deutsche Burgtor für immer. Unter seinen Rittern, die als Geiseln für Erfüllung der Freilassungsbedingungen dem Kaiser Heinrich VI. sich stellten, war Hugo von Morville, der als Trost in Haft die französische Lanzelotdichtung mit sich führte, welche Ulrich von Zazinhoven verdeutscht hat

»Gedenke an den von Engellant
Wie tiure man den loste dur sin milten hant«

sang damals Walter von der Vogelweide. Im Stegreif Seite 22. Vergl. Iwein 527.

Adventiure? waz ist daz?
das wil ich dir bescheiden baz.
nû sieh wie ich gewâfent bin:
ich heize ein rîtr und han den sin
daz ich suochende rîte
einen man der mit mir strîte
der gewâfent si als ich.
daz prîset în, ersleht er mich:
gefige ick aber îm an
sô hat man mich für einen man
und wirde werder danne ich sî.

Aus zartem Herzen sing' ich nun:
Was Minne heischt, gewähr' ich gern,
Und allzeit will ich zärtlich tun,
Grobdörperlicher Rauheit fern.
Von Minne stammt das beste Gut,
Drum leb' ich ohne falschen Mut
Und seh' mich ungern streng kasteit...
Ein feines Herz kann anders nicht,
Es liebt mit Zärtlichkeit.

Daß hoch in Freuden schwebt mein Sinn
Ist, süße Freundin, Eure Schuld,
Drum wißt, solang ich lebend bin,
Will ich als Lehmann Euch um Huld
Treu dienen; sonst ertos' ich wild...
Wo trägt die Welt Eu'r Ebenbild?
Ihr seid des Guten Ueberschwang
So ganz, daß ich ersterben muß,
Bleibt ungestillt mein Drang.

An Euch, o schöne Frau, gesetzt
Hab' ich mein Leben, Leib und Glück,
Solang ein Atemzug mich letzt,
Weich' ich kein' Fußbreit mehr zurück...
Nur *ein* Ersuchen trag' ich vor:
O schenkt, solang Ihr lebt, kein Ohr
Der Schwätzer und Verleumder Rat:
Ein frankes Herz bleibt kühl wie Eis
Bei züngelndem Verrat.

König Richard von England.[4]

»J'ai nuls hons pris ne dirait su raixon«

Nie trieb ich Menschenfang und derlei Dinge
Und nie ging anders als gradaus mein Gang,

---

[4] In der Gefangenschaft auf der deutschen Reichsveste Drivels. Winter 1194.

Nun lieg' ich selbst verstrickt in fremder Schlinge
Und suche Trost und Stärkung im Gesang.
Viel' Freunde zählt' ich... keine Gabe fällt...
Schmach über sie! um schnödes Loskaufgeld
 Duld' ich zwei Winter schon des Kerkers Not.

Wohl wissen meine englischen Barone
Norman, Gaskon, Poitous Ritterschaft,
Daß ich mit Freuden meine Königskrone
Für *sie* verpfände, fielen *sie* in Haft.
Und fehlte nur der ärmste Schildgefährte,
Ich ruhte nicht, bis er mir wiederkehrte:
 Doch immer noch duld' ich des Kerkers Not!

Klar seh' ich nun: wer tot und wer gefangen,
Hat keinen Freund und keinen Vetter mehr,
Und kommt man, Gold und Silber zu verlangen,
Ist jeder arm und jede Truhe leer.
Mir tut's um mich, mehr um mein Volk noch leid.
Nach meinem Tod flucht man der Knickrigkeit,
 Die mich vergehn ließ in des Kerkers Not.

Staunt ihr, wenn Schmerzen mir das Herz durchbohren?
Der eigne Lehnsherr wüstet mir mein Land,
Uneingedenk des Schwures, den wir schworen.
Daß *er* und *ich* in *einem* Treuverband.
Doch läßt man rechts wie links von Eid und Pflicht,
Ich halte fest, und Frieden schließ' ich nicht,
 Solang ich dulde in des Kerkers Not.

Wohl wissen es in Anjou und Touraine
Die feinen Knappen, die verständ'gen Herrn,
Daß ich schon lang in fremden Banden gähne
Und daß der Löwe seinem Erbland fern,
Einst galt ich viel dort, jetzt kein Körnlein Sand:
Die schönsten Waffen rosten an der Wand,
 Und fort und fort duld' ich des Kerkers Not.

Und ihr, Zeltbrüder, die ich immer liebte,
Ihr von Kaheu und aus der Perschermark,
Spricht wahr das Lied, daß sich der Friede trübte,
Wo nie mein Herz gedacht an Falsch und Arg?
Bekriegt auch ihr mich? – Hei, selbst ein Vilân
Hätt' solchen Schimpf dem Herrn nicht angetan,
Derweil er duldet in des Kerkers Not.

Frau Gräfin Schwester, Euer Oberherr
Schickt aus der Haft Euch seinen Brudergruß ..
Weh dem, durch dessen Ränke und Gezerr
Sein starker Arm in Fesseln rasten muß.
Vermeldet ihm, – Ihr wißt, von wem wir sprechen,
Kein Räuber soll sich meines Rechts erfrechen,
      Der Mutter Erbe lass' ich nur im Tod!

Wolfram von Eschenbach.

Im Stegreif.

swer schildes ambet üeben wil
der muoz durchstrichen lande vil.
Parzival 499, 9.

Wem das Glück nicht an der Wiege
Gut und Eigen zubeschert,
Muß soldieren und im Kriege
Tagewerken mit dem Schwert;
Zweitgeborne Ritterkinde
Erben schmales Königreich,[5]
Ziehet, Wolken, ziehet, Winde!
Roß, und Reiter ziehn mit euch.

Tummle dich, mein flinker Renner,
In die Fremde geht der Lauf,
Als ein Mann such' ich der Männer
Waffenwerk und Kampfspiel auf.
Hinters Roß die Frechen stechen
Und des Kolbens nicht gespart
Helmzerschroten, Speerzerbrechen,
Schildesamt ist meine Art![6]

---

[5] daz der altest bruoder solde hân
sîns vaters ganzen erbeteil
.. daz was der iungern unheil

Parzival I. 5, 4.

[6] schildes ambet ist mîn art:
swâ mîn ellen sî gespart,
swelhiu mich minnet umbe sanc

Doch beim Schrei aus rauher Kehle
Und im tobendsten Gewühl
Rauscht es oft im Grund der Seele
Wie ein fernes Saitenspiel,
Wiegt, dem Speerkrach kaum entritten,
Mich in Träume weich und traut,
Und je wilder ich gestritten,
Desto milder tönt der Laut.

Viel zu eng deucht mir die Weite,
Viel zu schmal die Breite dann,
Fremd Gebild ist mein Geleite,
Fremder Zauber starrt mich an.
Nach dem Urborn alles Schönen,
Nach der Dichtung heil'gem Gral
Zielt mein abenteuernd Sehnen,
Und ich selbst bin Parzival.

In des Abends letztem Funkeln
Reit' ich durch mein Frankenland,
Nächtiges Gewitterdunkeln
Säumt der Waldgebirge Rand;
Wind und Wolken ziehen weiter,
Und ich zieh' den Wolken nach,
Und man kennt im Land den Reiter:
Wolveram von Eschinbach.

Die Ausreise

Vergl. Parzival 63, I ff.

Vil schilde sach er schînen
die hellen pusînen mit krache vor im gaben dôz.
von würfen und mit slegen grôz
zwên tamûre gaben schal:
der galm übr al die stat erhal.
der dôn iedoch gemischet wart

---

so dunket mich ir witze kranc.

Parzival II. 115, 11.

mit floytieren an der vart:
eine reisenote sie bliefen.

   und Herrn Ulrichs von Lichtenstein Frauendienst bei Wackerna-
gel, Lesebuch I. 637 .. »daz ist ein ûzreise.«

.. mit der ûzreise hochgemuot
four den sumer manic ritter guot.
Turnieren was dô riter sit,
dâ dienten si den vrowen mit.
für wâr ich iu daz sagen wil,
geturnirt war des summers vil
in den landen dort und hie,
der ich verfaz ze war einen nie.

.. ein reisenote sie bliesen.
     Parzival 63,9

Nichts Schönres auf Erden als tapfre Gefährten
Auf tapferen Pferden und mannliches Ziel;
Als ritterlich Reisen mit klangvollen Weisen,
Wo Waffen von Eisen erklirren zum Spiel!
Turney ist verkündet
Und Rennlust entzündet,
Nun ziehn wir verbündet
Der friedlichen Wahlstatt mit Paukenschall zu.

Nun schimmern die blanken Stechhelme, von schwan-
ken
Zimierden und Ranken und Büschen umweht;
Nun blinken die Schilde weit übers Gefilde,
Mit Wappen und Bilde und Kleinod besät:
Hier Balken und Streifen,
Dort Löwen und Greifen
Mit zackigen Schweifen,
Hei Gickel und Henne, dort Drache und Aar![7]

---

[7] man sah dâ wunder gogelen
von tieren und von vogelen
ûf manegem helme veste,

Wer adlig geboren zum Heerschild geschworen,
Der hat sich erkoren viel Mühsal und Pein,
Darf selten nur rasten, muß kämpfend sich hasten
Und hungern und fasten und tugendlich sein;
Muß Staubes viel schlucken
Und, ohne zu ducken,
Mit Mannheit zudrucken,
Wenn Speer wider Speer zu Tjoste sich neigt.

Das Schildamt gibt Ehre – und kost' es auch sehre,
Kein Sieg ohne Schwere und Schwertschwang und
Schweiß!
Verzärtelte Kinde und schwächlich Gesinde
Zerstieben im Winde bei Stoß und Puneiz;
Doch froh, wie beim Feste
Tanzreigender Gäste,
Ringt stechend ums Beste,
Wer kühn unter Helme um Ritterlob wirbt.

Ihr Rosen der Auen, Jungfrauen und Frauen,
Bald geht's an ein Schauen vom hohen Altan!
Ihr sollt uns mit Grüßen das Kampfwerk durchsüßen,
Wenn wir euch zu Füßen aufwirbeln die Bahn,
Und sollt nicht erzittern,
Wenn bis zu den Gittern
Des Palas die Splittern
Zerbrechender Schäfte aufschnurren mit Macht.

All si begerten ritterschaft,
man möcht wol brüffen mannes craft.
mang helm verbunden wart ze hant
und sper genomen in ir hant.
miner trü, kumber wart do vil
vertriben mit ritterlichem spil
ainer vertwiercht, der ander verstach

---

boum, zwî oder ir este
mit koste geflôrieret.

Willehalm IX. 403, 23.

daz dü trumsel in das tach
uff snurtan und rusten
daz den frowen darob grusten
die sassen an den walken ...

    (v. Lassberg) Liedersaal II CXXV. 261.

    kalopieren vergl. Willehalm I, 32, 10 ..

die man do komende vant
mit ritterlichem kalopeiz

    faylieren vergl. Willehalm II. 87, 34:
da wart faylieren gar vermiten
und bêdiu sper entzwei geriten.

    pungieren vergl. Willehalm I. 34, 8 und I. 35, 2.

Im Stirnreif von Golde erscheint eine Holde,
Der dien' ich zu Solde mit Lanze und Schwert,
Mir hat die Vielreine, als wär' sie von Steine,
Zeitlebens noch keine Erbarmung gewährt ...
Doch werden mit Tosen
Auf mir die vielgroßen
Gerstangen zerstoßen,
So muß auch ein Steinherz in Rührung zergehn.

Drum müht sich mein Sinnen, Turnierdank und Min-
nen
Von ihr zu gewinnen im selben Tjost,
Bald wird sich's entscheiden, wenn nach dem Durch-
schneiden
Der Seile mit Streiten der Buhurt ertost.
Dann heißt's: kalopieret
Und nimmer faylieret
Und kräftig pungieret!...
... Sand küssen muß jeder, der wider mich stapft!

Nachtlied.

Das ist die Nacht, die finstre Nacht im Walde,
Die mich umhüllt auf weltverborgnem Ritt.
Wie anders tönt der Windstoß längs der Halde,

Wie anders, denn am Tag, des Rosses Tritt!
Schwarzdunkel liegt der Berg. Nur in den Zweigen
Spielt da und dort ein matt unsicher Licht...
Ist's Mondenschein? ist's mitternächt'ger Reigen?
... Vorwärts, mein Roß, und sträub die Mähne nicht!

Furcht kenn' ich nicht; doch kalt unheimlich Grauen
Hat sich der Seele wie ein Alp genaht,
Und nimmer, nimmer möcht' ich rückwärts schauen,
Denn fremde Geister spür' ich um den Pfad:
Als woll' empor aus Stein und Kluft sich ringen,
Was lang dem Licht entrückt ist und verwest.
»Strebt ihr, auch mich vom Roß herabzuzwingen?
Laßt ab, ich weiß kein Wort, das euch erlöst!«

Was von dem Tag sein Leben froh empfangen,
Hält sich geduckt im Busch und schläft und träumt;
Der Schöpfung heller Geist, ich fühl's mit Bangen,
Hat dunklerer Gewalt den Platz geräumt.
Mein eigen Herz, samt dem, was ich jetzt denke,[8] Hielt
es die Probe in der Sonne Licht??
... Dort winkt der Turm, dem ich entgegenlenke,
Vorwärts, mein Roß, und sträub die Mähne nicht!

---

[8] »Wahtaer ich bin komen
ûf genâde her ze dir,
nû gip mir rât: wie stât ez umb die vrouwen min?«
»»Ich hân vernomen, -
wer sprichet hie ze mir?
bistû'z der liebste man? du kanst ein teil ze lange sin.««
»Ja ich bin, den dû dâ hôhe enphâhen solt.
ich was dir ie mit ganzen triuwen rehte holt.
nu sage mîner frouwen, daz ich hie bin;
sie ist sô guot, sie lât mich in.«

Otto von Botenlauben, herausgegeben von Bechstein: Buch der Lieder Nr. 9.

Dem Landgrafen Hermann den Parzival überreichend.

Durch San Martes Leben und Dichten Wolframs von Eschenbach und die neueren eingehenden Erörterungen in H. Kurz, Geschichte der deutschen Literatur I. 357, ff. und H. Holland, Geschichte der altdeutschen Dichtkunst in Bayern von 109 u. ff. ist die Charakterisierung dieses besten Freundes der Frau Aventiure, der dereinst ebenso tapfer als Ritter auf den Feind wie als Dichter auf den Genius der deutschen Sprache einstürmte, in den Hauptzügen festgestellt. Seine eigenen Aeußeruugen über seine gänzliche Unkunde der Buchstaben und dessen, »was an den Büchern steht geschrieben« (Parzival 115, 27 und Willehalm 2, 18) geben der Literaturgeschichte das merkwürdige und einzige Problem zu erörtern, daß eines ihrer bedeutsamsten Bücher einem Schriftsteller seine Entstehung verdanken soll, der weder lesen noch schreiben konnte.

Die Gelehrten werden daher über die Art und Weise seines Dichtens noch immer von verschiedenen Ansichten beunruhigt. Man fragt, ob es möglich sei, ohne selbst Feder oder Griffel zu handhaben, ein ganzes Epos im Kopf fertig zu bringen; man hat Bedenken, ob Herr Wolfram reich genug war, einen gebildeten Knappen oder sonst einen Schreiber zu besolden, und kommt, weil eines solchen von ihm keine Erwähnung geschieht, zur Ansicht, er möge doch wohl selbst schreibverständig gewesen sein, wobei der Phantasie überlassen wird, sich seinen ritterlichen Hausbuchstaben« mehr oder minder grob vorzustellen. Die Frage ist eine technische. Wolframs wiederkehrendes mit ritterlichem Selbstgefühl abgelegtes Bekenntnis, ein Illiteratus zu sein, gestattet kaum, diese Tatsache in Zweifel zu ziehen. Wenn der Parzival ganz seine eigene Schöpfung wäre, so würde eine solche allerdings sehr viel Begabung und sehr viel in Diktierproben verdorbenes Pergament voraussetzen, denn ein mit so stattlichem »Wurf gespieltes« und sprachlich so durchgebildetes Epos springt nicht wie eine Pallas gewaffnet und fertig aus des Urhebers Haupt, sondern muß eine Reihe von innerlichen und äußerlichen Umarbeitungen und Besserungen durchlaufen, die schwerlich zu ermöglichen sind, wenn der Finder der Märe seine Worte einem fremden Schreiber anvertrauen muß und nicht selbst, die Feder in der Hand, täglich und stündlich daran feilen kann.

Anders aber verhält sich die Technik bei der Arbeit des Uebersetzers. Der Parzival ist kein deutsches Originalwerk, sondern ein französisches, bald wörtlich, bald frei und eigentümlich von Wolfram in das Deutsche übersetzt. So unangenehm es für diejenigen Literaturhistoriker sein mag, welche in staunenden Betrachtungen über den psychischen Reichtum seiner Erfindung Herrn Wolfram zu einer überschwenglichen Höhe des Ruhmes emporphantasiert haben: Lob und Tadel nach dieser Richtung gebührt nicht ihm, sondern dem Meister Crestiens von Troyes und – in welchem Maß ist noch nicht haarscharf abzugrenzen – dem andern französischen Bearbeiter, Guiot von Provins.

Ein Uebersetzer, der das Epos schon als ein fertiges vorfindet, dem die psychologischen Kämpfe der Gewinnung und Aneignung des geschichtlichen Stoffes, der rhythmischen Formung und Umformung, und alle jene Mühen, die das künstlerische Schaffen oft zu einem von Dämonen geplagten machen, wenig Schmerz mehr verursachen, kann, wenn die Gabe, den Reim zu finden, vorhanden ist und der Sinn des zu Uebersetzenden wohl interpretiert vorliegt, mit Schreibern, denen er diktiert, besser und schneller arbeiten, als selbst schreibend: er läßt sich – um etwas handwerksmäßig zu reden – sein täglich Pensum vorlesen, wandelt auf und nieder, überträgt Zeile um Zeile in gereimtes Deutsch, flicht, wenn er wie Wolfram selbst ein feines, satirebegabtes Talent ist, eigene Bemerkungen mehr oder minder geschickt ein, diktiert's und fährt am andern Tag mühelos da fort, wo er tags vorher stehen geblieben. Schwerlich in viel anderer Weise wird der Parzival entstanden sein.

»Dex vos saut, fait il, bele amie«

steht in Meister Crestiens Buch zu lesen.

»iedoch sprach er, get huete din«

in Wolframs Parzival.

Vergl. A. Rocha in F. Pfeiffers Germania, Stuttgart 1858, S. 57.

In solcher Weise wurde im XIV. Jahrhundert, nachdem die französischen Erzähler der Geschichten vom Gral an Manessier einen Ergänzer gefunden hatten, dem Werke Wolframs ein zweiter Teil zugefügt, dessen Entstehung zugleich ein klärendes Licht auf die des ersten werfen mag.

Des edlen Herrn Ulrich von Rappoltstein Geschlecht war Träger eines Lehens über die fahrenden Leute im Elsaß, dessen Grenze bis an den Hagenauer Forst lief. Dies und ritterliche Freude an Minne und Milde mag den reichen Freiherrn bewogen haben, sich als Beschützer der Dichtkunst das Werk Manessiers verdeutschen zu lassen. Im Jahr 1331 rückte zu diesem Behuf mit Manessiers französischem Buche nachfolgend verzeichnete, aus fünf, sage fünf Personen bestehende Gesellschaft bei ihm ein: 1) zwei Dichter, Claus

Wisse und Philipp Kolin, Goldschmied von Straßburg; 2) ein Dolmetsch, Sampson Pine, ein Jude, 3) zwei Schreiber, Henselin der junge und der von Ohnheim, ein alter. Die beiden Dichter waren weder des Französischen noch des Schreibens kundig; als Aufgabe des Sampson Pine bezeichnen sie

»was wir zu rimen hant bereit
do het er uns daz tutzsch gefeilt
von den oventuren allen gar.«

Dieses fahrende Volk, dessen Verpflegung manches Stückfaß elsäßischen Weines verschlungen haben mag, beeilte sich nicht allzusehr und überreichte erst im Jahre 1336 die vollendete, mit manchem Korrekturstreiflein überklebte, aber als stattlicher Foliant geschriebene Arbeit, von der sie bemerken: »und allez daz hie nach geschriben stat, daz ist ouch Parzefal« ihrem Schirmherrn, dabei ihn launig über die Kosten tröstend, die sie selber auf 200 Pfund anschlugen. Vergl. Uhland in Schreibers Taschenbuch für Geschichte und Altertum in Süddeutschland II. 259.

Swaz an den buochen stêt geschriben
des bin ich künstelôs beliben.
niht anders ich gelêret bin:
wan hân ich kunst, die gît mir sin.

Willehalm 2, 18.

Ein redlich Werk, mit dem ich lang gerungen.
Steht, dank dem Herrn, vollbracht in Würdigkeit:
Von Parzivals, des ritterlichen, jungen,
Prüfung und Fahrt zum Gral bring' ich Bescheid;
Auch Gamuret, des Vaters Minneflamme,
Des Herrn Gawân Tiost und süße Zucht
Und was vom Anschewîner Fürstenstamme,
Die Cronica von Anschou Wunders bucht:
          Viel wilden Fund aus König Artus' Tagen,
          Hat Findersglück und Fleiß mir zugetragen.

Erst hat versucht, die reiche Mär zu künden,
Von Troys der wackre Meister Kristian,
Viel ward, das Rauhe sorglich abzuründen,

Durch Kyot von Provins dazugetan;[9] Nun lehrt's, ein
goldner Kern in goldner Schale,
Wie Zweifel und Unstätheit irre führt,
Und wie nur der geläutert naht dem Grale,
Der Stäte sich als Lebensmaß erkürt;
　　Des eignen Herzens rätseldunkle Ziele
　　Entwirren sich im höfisch bunten Spiele.

Gewoben hab' ich um die welschen Mären
Der Heimatsprache ehern Klanggewand
Und hoffe, daß sie preislich sich bewähren,
Nicht nur als neugierstillend leichten Tand.
Als wie ein Schmied, der eine Brünne wirket,
Fest Draht zu Draht und Ring zu Ringe biegt,
Hab' ich den Reim gemessen und gezirket,
Daß sein Geflecht wie Kettenhemd sich schmiegt,
　　Und wie ein Schmied errang ich des Gedichtes
　　Glattformung nur im Schweiß des Angesichtes.

Nun ist's getan. In Demut möcht' ich lachen,
Daß ich, ein künsteloser Rittermann,
Furchtlos vermaß, solch großes Buch zu machen,
Und selbst kaum einen Buchstab malen kann...
Doch, wer alsbald mit fühlendem Erfassen
Das Lied, das ihm die fremde Zunge singt,
Versteht in eignes Wortgefühl zu passen,
Denn wie von selbst der Reim entgegen springt,
　　Der kann als Laie Meisterschaft besitzen,
　　Weiß er auch keinen Gänsestiel zu spitzen.

Dank zoll' ich den geduldigen Scholaren,
Die mir gedient als helfend Schreibgesind,
Und dir, Wohlredende mit krausen Haaren,

---

[9] Ob von Troys Cristjân
diesem maere hât unreht getân,
daz mac wol zürnen Kyôt
der uns diu rehten maere enbôt.

Jungfräulein Alix, höfisch feines Kind.[10] Bei Schildes-
amt, Heerfahren und Soldieren
Kam mein Französisch nie in guten Stand,
War auch, daß man »Herbergen« heißt »Loschieren«
Und andres mehr der Sprache mir bekannt,
    Du lehrtest mich, streng wie ein alter Weiser,
    Die Wortfeinheit und Zucht der Tschampâneyser.[11]

O Schaffelust, wenn wir in Frühlingstagen,
Selbviert im Burggärtlein uns eingeheckt,
Vor uns die Mären Kyots aufgeschlagen,
Ein Mauertisch als Schreibtischlein gedeckt:
Dolmetschend las die Maid uns Zeil' um Zeile,
Und translatierend schritt ich auf und ab,
Bis ich, bald schnell, bald nach sorgsamer Feile
Den deutschen Reim den Schreibgesellen gab.
    Die lauerten und kicherten im Moose
    Und schrieben ihn, umblüht von wilder Rose.

Um Frauendank bracht ich mein Werk zu Ende,
Als Lohn genügte mir ein süßes Wort,
Heut reich' ich es als ehrfurchtsvolle Spende
Dir, Landgraf Hermann, der Gesangkunst Hort!
Du weißt, daß ich bei Fiedeln und Floitieren
Des Amts, den Speer zu führen, nie vergaß

---

[10] Tout droit à celui temps que je si vous devis,
avoit une coustume eus nel Tyois païs
que tout li gran seignor, li conte et li marchis
avoient entour aus gent franzois tous-dis
pour aprendre franzois leur filles et leur fils.

Wolf, Altfranzösische Heldengedichte 1833 p. 45.

[11] herbergen ist loschiren genant
sô vil hân ich der sprâche erkant.
ein ungefüeger Tchampâneys
kunde vil baz franzeys
dann ich, zwiech franzoys spreche.

Willehalm 237.

40

Und, riefen mich Posaunen zum Turnieren,
Riefst du zum Streit, stets fest im Sattel saß.
   Als Erfurts Gärten unter Hufgestampfe
   Zertreten wurden, stund ich frank im Kampfe.[12]

So nimm denn heut, da wir nicht unter Schilde
Austraben müssen, mild mein Buch zur Hand;
Vielleicht daß es mit manchem bunten Bilde
Erinnerung verklärter Zeit dich mahnt...
Wir neiden dich um jene goldne Jugend,
Da als den Seinen dich Paris verehrt,
Da König Ludwigs Hof dich Rittertugend,
Sankt Victors Schule Weltweisheit gelehrt.[13]   Der
Bart ergraute... doch Gesang zu lieben,
   Ist dir als Erbteil jener Zeit geblieben.

---

[12] Erffurter wîngarte giht
von treten noch der selben nôt:
maneg ores fuoz die slâge bôt.

Parzival 379, 18.

[13] Das Empfehlungsschreiben, mit welchem Landgraf Ludwig der Eiserne im Jahre 1162 seine Söhne dem Lönig Ludwig VII. von Frankreich zu ihrer Ausbildung nach Paris übersandte, lautet:

Regi Franciae, Ludovicus Dei gratia Landgravius devotum servitium cum sincera dilectione. Quod hactenus nullam vestri notitiam habuimus, satis moleste sentimus, super quod Maiestati vestrae deinceps serviciis nostris tam iocosis quam seriis notificare volumus, et vestrae voluntati super omnima respondere cupimus. Filios enim meos omnes literas discere proposui, ut qui maioris ingenii nec non maioris inter eos notaretur discretionis, in studio perseveraret. Ex his vero duos ad praesens nobilitati vestrae mittere proposui, ut vestro iuvamine nec non vestra defensione Parisiis stabilius possent locari. Ita tamen, ut salva pace vestra, pro discordia quae est inter Vos et Imperatorem, hoc secure peragere possim. Sicut enim absque medio hamus et capit et capitur, tali modo scimus, quod quid-quid super hoc nobis mandaveritis, illud omni dubio remote aggredi audemus, quia hoc non immutabitis.

Falkenstein, Thüringische Chronica II. 648.

Vielleicht daß dort dir auch des Grals Geschichten
Die Dame der Champagne einst erzählt,
Marie von Frankreich, die mit süßem Dichten
Die Sagen der Bretonen neu beseelt.[14] Du hast manch
eine Truhe wohlbeschlagen
Dir damals aus der Ferne heimgebracht,
Dran die Frau Mutter wenig Wohlbehagen
Kundgab und schalt, als man sie aufgemacht:
    »Ein Lied... noch eins... und aber eins... und wie-
der:
    Eiei, Herr Sohn, nur Fabliaux und Lieder!«

Ich seh' dich lächeln. Aus metallnen Decken
Entfaltest du ein stattlich Pergament,
Von Goldgrundbildern schimmern Rand und Ecken,
Du aber sprichst, was lang mein Herz ersehnt:
»Mög' deinem Parzival die Ruhe frommen,
Biderbem Sänger ziemt die Ruhe nicht,
Ein neues Lied ist uns aus Frankreich kommen,
Das schwertscharf Bahn sich durch die Heiden bricht:
    Uns freut der Völkerschlacht Getös' und Galm,

---

[14] E dame Marie autressi,
ki en ryme fist e basti
e composa les vers de lays,
ki ne sunt pas de tut verais,
si en est ele mult loée
e la ryme par tut amée
kar mult l'aiment si l'unt mult cher
cunte, barum et chivaler
e si en aiment mult l'escrit,
lire le funt si unt delit
et si les funt sovent retreire.
Ses lays solent as sovent pleire
de joie les oient e de gré
qui'il sunt sulum lor volenté.

Denys Pyramus. – Vergl. Marie de France, poetische Erzählungen nach altbreto-
nischen Liebessagen, übersetzt von W. Hertz. Stuttgart 1862. pag. XVI.

Nimm hin – und wend Uns deutsch den Willehalm!«[15]

---

[15] antgrâf von Dürngen Herman
tet mir diz maer von im bekant,
er ist en franzoys genant
kuns Gwillâms des Orangis.

Willehalm 3, 8.

Reinmar der Alte.

Herbstschwermut.

Der Tag verglüht, des Hochwalds Wipfel schweigen,
Derweil in goldnem Dunst die Halde schwimmt;
Ich steh' am Rain, wo wir den Frühlingsreigen
So oft aus hellsten Kehlen angestimmt...
Die Nachtigall schlug damals in den Zweigen
Und pries mit uns des ersten Veilchens Blühn,
Und manchen Mund sah man zum Kuß sich neigen,
Wenn sich die Tänzer lagerten im Grün.

Wer küßt ihn heut? Gelb sind der Blätter Farben,
Die Nachtigall flog aus ins andre Land,
Die Veilchen welkten und die Frauen starben,
Die klaren Ritter deckt der welsche Sand.
Gebeugt am Stab und wohlgeschult im Darben
Keuch' ich des Wegs, fahl und spätherbstiglich,
Und niemand weiß Bescheid, wo Wein und Garben
Gekeltert und gespeichert sind für mich.

Ich klag' es nicht. – Ich hab' mit meinem Pfunde
Gewuchert wie ein andrer frommer Knecht.
Zwar wuchs nur wenig Korn auf meinem Grunde
Und viel Geblüm zu Strauß und Kranzgeflecht...
Doch mancher dankt mir eine gute Stunde,
Manch goldnen Preis gewann mein Lautenklang
Und manch ein Herz schuf meine Kunst gesunde...
... Wo Reinmar singt, da währt kein Jammer lang.

Gute Sterne.

Schon tauscht die Herde, fröhlich heimwärts trabend,
Den Weidplatz mit der Hütten Unterschlauf,
Ihr Glockenläuten kündet Feierabend,
Und feierlich steigt er am Himmel auf.
Gewölk zerfließt. Der Luftraum klärt sich reine,
Neumand regiert mit wachsend halbem Scheine...
Wo tags im See nur leise Furchen zogen,
Schwillt, schier wie Meerflut, Berg und Tal von Wogen.

Nun funkelt in der fernsten Weltenferne
Lichtlein und Licht vieltausendfach empor,
Und schicksalwendend treten gute Sterne
Mit kräft'gem Schein aus dem Gewimmel vor.
Der Tremuntân weist unbewegt wie immer
Polum antarcticum mit klarem Schimmer,[16] Ein
Aetherstrom, geheim durchs All gegossen,
Kommt zitternd in die Erdennacht geflossen.

Auch wer, entsagend jedem Wunsch und Sehnen,
Mit kühlem Mut das Herbstlaub fallen sah,
Fühlt Brust und Herz geheimnisvoll sich dehnen
Und einen Hauch Unirdischer ihm nah.
Gewohnt, die eignen Freuden viel zu missen,
Möcht' ich zur Stund die Welt glückselig wissen:
– Ein liebend Paar trat meinem Weg entgegen,
In Priestersweise gab ich ihm den Segen.

---

[16] polus antarcticus, Nordpol. Tremuntâne, ital. Tramontana, der Polarstern.

Vergl. Parzival 715, 14 ff.

ich mac wol dîner guete jehn
staete âne wenken sus,
als pôlus artanticus
gein dem tremuntâne stêt
der neweder von der stete gêt.

Einer Griechin.

Der Pilgrim naht ersehntem Heiligtume
Und beugt sein Knie vor dem geweihten Bild:
So möcht' ich dich begrüßen, fremde Blume,
Die unsern Wald mit seltnem Glanz erfüllt.
Ein schwer Geschick hat dich zu uns geleitet,
Wir danken's ihm, betraf es dich auch hart,
Denn keiner ist, dem nicht das Herz sich weitet,
Wenn seinem Aug' ein Strahl des deinen ward:
    Das Morgenland und mildrer Sonne Walten
    Will sich bei deinem Anblick uns entfalten.

Wem mag ich dich vergleichen und das Wesen,
Das wie ein stolz Geheimnis dich umschwebt?
Nicht einzle Künste hast du dir erlesen,
Dein ganzes Sein ist's, das uns andre hebt.
Wie Wallfahrthymnensang andächt'ger Beter,
Wie Sonne, die durch Wolkentrübnis bricht,
Wie Waldesgrün, wie blauer Himmelsäther,
Wie weites Meer, wie sanft Planetenlicht:
    So wirket deine Nähe – herzbeglückend
    Und jeden hoch dem Niedrigen entrückend.

Du weißt es nicht! – Du kommst und du verschwindest
In allzeit gleicher Unbefangenheit;
Kaum mit der Lippen feinem Lächeln kündest
Du das Bewußtsein deiner Herrlichkeit.
Du siehst es nicht, wie alle sich verklären
Vor dir, wie vor der Sonne Scheideblick,
Der Kühnste selber wagt kein kühn Begehren,
Verehrungsvoll und scheu tritt er zurück:
    Mag ihm auch sein, als müss' er dir zu Füßen
    Sich stürzend des Gewandes Saum dir küssen.

Selbst unser Wald fühlt dich und will sich neigen,
Wenn ihn der Jungfrau Fuß betreten will,
Durch alle Wipfel geht ein ernstes Schweigen,

Und stille wird es – feierlich und still...
Den Hasen, der den jungen Schoß benagte,
Das Eichhorn sah ich, das im Astwerk sprang,
Das Reh, das durch die Haselstauden jagte,
Reineke Fuchs auf schlimmem Weidmannsgang:
    Sie alle lauschten scheu dem Menschenbilde,
    Das da des Weges schritt in sanfter Milde.

Auch mir, der ich zur Waldeszunft gehöre
Als alter Jäger, schlug das Herz schier heiß...
Du kennst mich nicht... und daß ich dich verehre,
Mag dich nicht kümmern, denn mein Haar ist weiß,
»Am Gang sollt ihr die Göttliche begreifen«[17] Las ich
des Tags in einem alten Buch,
Dann sah ich dich im Forst vorüberstreifen
Und Wahrheit ward mir des Lateiners Spruch.
    Wie sich's geziemt, wo Himmlisches sich zeiget,
    Hab' ich, die Hände faltend, mich geneiget.

Wider Heinrich von Ofterdingen.

»Dines schalles ist nu gar ze vil,
Heinrich von Ofterdingen Reinmar will din vient wesen,
wan, swer sich selben dankes tœten will
wer hülfe dem genesen?«

Wartburgkrieg, Str. 16.

Mich faßt ein Mitleid, stolzer Knabe,
Um deines Hochsinns Mückenflug,
Kennst du noch nicht der Dichtung Gabe,
Den Hexenschwamm voll Rauch und Trug?
Er platzt... und Moderwolken schänden
Der Schläfe Kranz, der Saiten Spiel...

---

[17] »Incessu patiut dea.« Virgil.

So wird auch dein Triumph sich wenden,
Denn deines Schalls war gar zu viel!

Die Zukunft wirft dem kundigen Spürer
Ihr Schattendunkel weit voraus:
Du endigst bald als Bärenführer
Mit Gaukelspiel von Haus zu Haus!
Als dritter in dem Freundesbunde
Ein ledergelber Dromedar,
Seid jedem Jahrmarkt in der Runde
Ihr eine seltne Künstlerschar.

Wie heute, da du hoch in Ehren,
Des Reigens schönste Maid geführt,
Führst du am Halsband Mutz den Bären,
Das Maul vom Eisenkorb geschnürt;
Du trombonierst: zweibeinig steht er
Und neigt sein Haupt und beugt sein Knie...
Du wirfst den Stab: als Pilgrim geht er
Und tanzt... o schaue niemand wie!

Und mit der gleichen Sängertugend,
Um die dich heut der Hof begafft,
Singst du vor ungewaschner Jugend
Des Wüstenschiffes Eigenschaft:
Warum ihm Lipp' und Huf gespalten,
Was seines Höckers Zweck und Brauch,
Und jenen Spaß, der nie veraltet:
Warum sein Leib ein Wasserschlauch.

Lohnheischend stehst du dann im Kreise,
Bis hoch ein Fenster auf sich tut –
Ein Frauenhandschuh wirft dir leise
Ein Geldstück in den leeren Hut...
Wohleingewickelt fleugt's hernieder...
Zeig her... ein Streiflein Pergament...
Ein Fetzen jener Minnelieder,
Um die man heut dich Meister nennt!

Berlt der junge,

Herrn Walters von der Vogelweide Singerknab.

Die Waldrast.

Jetzt will ich auch ein Singen tun,
So gut sich's mag verleiden,
Ich bin eines guten Mannes Garzun
Und darf ihn oft begleiten.
In frischer Summermorgenzeit
Wie hebt mein Fuß sich balde!
Herr Walter von der Vogelweid',
Mein Meister, fährt zu Walde.
    Ich halt ihm Wacht und wehre,
    Daß keiner ihn verstöre.

Die Steinwand an dem Felseneck,
Wo Pfriem' und Ginster ranken,
Beut ihm ein sicher Waldversteck
Zur Birschjagd auf Gedanken:
Den Wipfel hoch die Tanne hebt,
Im Winde schwankt die Birke,
Und Gottes goldne Sonne schwebt
Still über dem Bezirke;
    Ein harziges Gedüfte
    Durchwogt die warmen Lüfte.

Den Jagdspeer in den Grund er stößt
Vor einem dunkeln Steine,
Drauf setzt er sich im Moose fest
Und decket Bein mit Beine.[18] Der Zeigefinger ruht am

---

[18] Ich saz uf eime steine
und dahte bein mit beine,

Mund,
Das Haupt seh' ich ihn senken,
... Er will in früh'ster Morgenstund'
Ein neues Lied erdenken;
Des Waldes gute Geister
Umschweben meinen Meister.

Sein Auge strahlt, die Lippe lacht...
Gut heil! es will ihm glücken.
Jetzt schnalzt die Hand und löset sacht
Die Fiedel von dem Rücken.
Ersonnen ist's! Hei Tandaradei!
Wer treulich sucht, muß finden.
Frischauf, die neue Melodei
Der Welt alsbald zu künden!
Er singt und fiedelt Töne
Von fremder, süßer Schöne.

Zu allen Wipfeln dringt der Schall,
Fink, Zeisig und Galander,
Singdrossel, Lerche, Nachtigall,
Die rücken zu einander;
Der Habicht läßt sein heiser Schrei'n,
Der Milan hält im Schwirren,
Der Grünspecht stellt sein Hämmern ein,
Die wilde Taub' ihr Girren;
Sie lauschen lang und länger
Dem tugendlichen Sänger.

Zieht er von dannen, bleibt im Moos
Sein Lager platt gedrücket,
Dann kommt der Vögel ganzer Troß
Neugierig nachgerücket;

---

dar ûf sast ich den ellenbogen;
ich hete in mîne hant gesmogen
daz kinne und ein mîn wange.

Walter von der Vogelweide, ed. Wackernagel p. 8.

Sie heben um den Dichterort
Ein hüpfen, Tanzen, Springen;
Sie wetzen ihre Schnäbel dort,
hellauf ertönt ihr Singen:
»Das war ein Mann, der's besser kann,
Als wir im Federkleide.
    Hei Sang und Ton! – daß Gott ihm lohn'
Solch süße Vogelweide.«[19]

Des Meisters Geheimnis.

1. Vorbericht.

Nun leih mir ein geneigtes Ohr
Vertraute Frauenrunde,
Von Liedern, die euch nie zuvor
Erfreuten, bring' ich Kunde:
Auch ihnen schuf einst Ton und Wort
Mein teurer Meister Walter,
Doch keinem gönnt er Rang und Ort

---

[19] Vergl. Carmina burana p. 117.

Inter haec sollemnia
communia
alterno motu laterum
lascive iactant corpora
collata
nunc occurrens, nunc procurrens
concio pennata
Mergus aquaticus, aquila munificus
bubo noctivagus, cygnus flumineus,
phenix unica,
perdix letargica, hirundo domestica,
columba tutifona, upupa galligera.
anser sagax, vultur edax,
psittacus gelboicus, milvus girovagus
alandula garrula, ciconia rostrisona.
His et confimilibus
paria funt gaudia,
demulcet enim omnia
haec concors confonantia.

In seinem Liederpsalter,
    Er will sie nicht mehr kennen
    Und hieß mich sie verbrennen.

»Nach Deutschland komme, wer noch gehrt
Der reinen Zucht und Minne,
Da ist ihm Wonne viel gewährt –
Lebt' ich nur lang darinne![20] So singt er heut und darum soll
Sein andrer Sang nicht gelten,
Daß nicht die Merker neidesvoll
Am eignen Wort ihn schelten,
    Denn die gepriesne Gute
    Ist nicht von deutschem Blute.

Wir gasteten bei Hornungsfrost
Fernab im Delfinâte;
Dort fand er seinen *Wintertrost*
Im Schloß zu Pietrelâte:
Ein kaltes Fieber stieß ihn an
Mit schwerer Kopfsinnierung,
Die Burgfrau pflag den siechen Mann
Mit Spruch und Arzenîerung,
Ei war' bei solchen Pflegen
Gern ewig krank gelegen.

Wir schifften dann im Sonnenglanz
Zur Rhodanhauptstadt Arle,

---

[20] Tiusche man sint wol gezogen,
rehte als engel sint diu wîp getân.
swer sie shilet, derst betrogen;
ich enkan sîn anders niht verstân.
Tugent und reine minne
swer die suochen wil,
der sol komen in unser lant, da ist wünne vil.
lange müeze ich leben dar inne!

Walter p.16

Wo einst den Sieg von Alischanz
Gewann der Kaiser Karle,
Schmuck steht drin heil'gen Trophimus
Ein Münster aufgerichtet:
Dort ward am Marmorportikus
Das *Kirchganglied* gedichtet
    Und ihr am frühen Morgen
    Mit List ans Kleid verborgen.[21]

Was sie erwidert, weiß ich nicht
Und lügen wäre sündlich,
Von vielem mangelt Schriftbericht,
Denn viel geschieht nur mündlich.
Doch als wir spät mit schwerem Mut
Des Scheidens Pein erlitten,
Sang er das Lied vom *Fingerhut*,
Da wir im Elsaß ritten,
    Und blickte unter Tränen
    Südwärts mit vielem Sehnen.

... O Angesicht! ... nie lag ein Glühn
Von Rosen drauf ergossen,
Oft kam ein Hauch wie Meeresgrün
Zum Lilienweiß geflossen.
Und wenn sie wallenden Talars
Den Säulenhof durchrauschte
Und sich die Fülle dunkeln Haars

---

[21] Vergl. Meister Hadloup bei v.d. Hagen, Minnesinger II.
p. 278.

ich nam ir ahte
in gewande als ein pilgerin,
so ich heinlichste mahte
do sie gienc von mettin
do hate ich von sender klage
einen brief, daran ein angel was,
den hieng ich an sie, daz was vor tage
daz sie niht wisse daz.

Feucht um den Nacken bauschte,
    Dacht' ich mit süßem Grauen
    Ein Meerweib[22] zu erschauen ...

Vernehmt nun, was Herr Walter scheu
Aus seinem Buch verbannte,
Und sprecht, bin ich ihm ungetreu.
Daß ich es nicht verbrannte?
Das beste Lob der deutschen Art
Und eurer schmucken Jugend
Ist – daß er andrer Meinung ward
Trotz so viel fremder Tugend,
    Nur Uebung im Vergleichen
    Lehrt, wem der Kranz zu reichen!

2. Wintertrost.

Harr aus, mein schwerverdüstert Haupt,
Brich der Betäubung Schlummer!
Seufzt rings der Wald auch kahlentlaubt
Und Busch und Heide winddurchschnaubt:
Wer an des Maien Siegkraft glaubt.
Den zwingt nicht Not noch Kummer.

Die Herrin spricht: O Gast, dich neckt
Ein kühner Dichterglaube ...
Im Siechenstuhl dein Leib sich streckt,
Froh, daß er in der Wildschur steckt,
Froh, daß ihm Haupt und Ohren deckt
Die warme Fuchspelzhaube.

Ich aber späh' der Sonne nach
Und deut' empor zum Turme:
Auch ihm umlagert Wall und Dach
Schneelast. Doch hoch im Eckgemach

---

[22] Meriminne – merwîp – merfrouwe, vergl. J. Grimm, deutsche Mythologie I. 104.

hält sich der Wächter warm und wach
Und singt im Wintersturme.

Stark schallt sein Abendlied und rein
Wie Trostwort guter Geister:
»Laßt Eis sich zapfen, Flocken schnei'n,
Um Ostern rückt Entsatz hier ein,
Dann fliehn die Raben querfeldein,
Dann sind die Lerchen Meister!

Dann grünt der Schilf, dann taut der See,
Gekräust vom lauen Winde ...
Und blüht das Tal und blüht die Höh,
Entbieten wir dem letzten Weh
Den Frühlingskriegsruf Tandaradeh![23] Und tanzen um
die Linde.«

3. Kirchgang.

Ach, ich kann nicht fürder leben
Ohne deiner Augen Licht,
Finstre Nacht will mich umgeben,
Schau ich dich, o Herrin, nicht.
Wie die Blumen sich erquicken
An des Morgens Tau und Schein,
Richtet sich an deinen Blicken
Neu empor mein welkes Sein.

Ja, dein Aug' ist meine Sonne
Und im Schatten lieg ich krank,
Deine Blicke sind mir Wonne,
Sind mir Labsal, Speise, Trank.
So ich früh dir nicht begegnet,
Hat des Tags der Valant Macht!

---

[23] ... tandaradei,
schône sanc diu nahtegal.

Dann ist mir mein Weg gesegnet,
Wenn dein Lächeln mir gelacht.

Sonntag ist's – Zum Münster rufen
Alle Glocken mit Geläut,
Doch nur an des Haupttors Stufen
Führet mich der Kirchgang heut;
Als ein Bettler will ich stehen
In der andern Bettler Schwarm,
Daß sich im Vorübergehen
Meine Herrin sich erbarm'.

Hei! der Bischof predigt lange
Und zur Kurzweil zähl' ich mir
Alle Heiligen im Gange,
Aller Säulen Bildwerkzier:
hagre, magre Steingestalten ...
Sechsunddreißig mögen's sein ...
Noch was schiert die alten, kalten
Patriarchen meine Pein?

Orgeltöne nun verhallen
Und es schweigt der Sänger Chor,
Nun die Beter heimwärts wallen,
Zeigst du endlich dich am Tor;
Heischend strecken ihre Hände
Lahme, Krumme, Sieche her ...
Jeder heischt die Sonntagsspende,
O entlaß auch mich nicht leer.

Würdige meines Daseins Oede,
Ach, nur eines – eines Blicks,
Dem, wie leiser Morgenröte,
Ahnung inwohnt lautern Glücks ...
Sieh mich sehnend stehn und beben,
Hohe Frau .. und zürne nicht ...
Ach, ich kann nicht fürder leben
Ohne deiner Augen Licht!

4. Fingerhut.

An einem heißen Sommertag
Stach mich die Sonne vom Pferde,
Daß ich in einem Waldtal lag
Auf schattenkühler Erde;
Moosflechten umspannen das Trümmergestein
Der Schlucht als samtgrüner Rahmen,
Eine einzige Blume blüht am Rain,
Fingerhut hieß sie mit Namen.

Als ich die Purpurglöcklein sah
Am hohen Stengel erschwanken,
Viel große Verträumnis mir geschah
Und Wirrwarr aller Gedanken;
Und all mein Sinnen ward seligen Muts
Und alle Sorge geringer:
Ich dacht' eines andern Fingerhuts,
Der schmückte den schönsten Finger.

Der Finger gehört der schönsten Hand,
Die Hand der schönsten der Frauen,
Die je in des Königs von Frankreich Land
Ein Troubadour durft schauen;
Sie weilt zur Stund in der Stadt Paris
In hohen Züchten und Ehren:
Mög' ihr der heilige Dionys
Stets Heil und Saelde gewahren.

Denn jene fingerhuttragende Hand
hat den schönsten Gürtel bereitet,
Den je ein Ritter als Minnepfand
Dem Waffenlock übergespreitet;
Ein Efeublatt ist dareingewirkt
Mit der feinsten, seidenen Masche;
Kennt ihr den Sinn, den Efeu birgt?
»Je meurs ou je m'attache!«

Und wem sie den Gürtel zu eigen beschert,
Das hat kein Späher erfahren,
Der Packsattel dort auf dem grasenden Pferd
Weiß manch Geheimnis zu wahren ...
... hei, schönste der Frauen, hei, schönste Hand,
Hei, Hütlein am schönsten der Finger!
Nun sagt, ihr Blumen am Bachesrand,
Bin ich nicht ein seliger Singer?

5. Nachwehen.

Oh weh, mein Gang ward Frühlingsgang,
Nun helft, ihr Frau'n, und schlichtet!
Was ich von welscher Fahrt euch sang,
Dem Meister ward's berichtet.

»Mein Tun und Denken sollst du streng
Wie Beichtgeheimnis wahren
Und nicht mit frechem Zubehäng
Dem Fürwitz offenbaren.

Wart, Tönedieb, ich bläu' dir's ein
Mit ungebrannter Asche,
Du übermütig Singerlein,
Du Gauch, du Plaudertasche,

Du Naseweis, du kecker Lapp,
Du treuvergessen Sühnlein,
Du Guggaldei, du Blippenplapp,[24] Du liederfalsch
Garzünlein!«

---

[24] Vergl.

Rüedelîn, dû bist ein iunger blippenblapp;
dû muost dînen vater lâzen singen.
er wil sîne höveschheit vüeren in sîn grap:
de müest dû dich mit verlornen dingen.
er wil selbe dienen sîner frouwen:

So schalt der Meister im Verdruß,
Da bin ich ihm entwichen...
Oh weh!... er kommt mir auf dem Fuß
Unsänftlich nachgeschlichen.

Schon steht er an des Wäldleins Höh'...
Jetzt biegt er in die Hecken...
Oh weh und immer mehr o weh:[25] Er schneidet Hasel-
stecken!

Sein Arm ist stark, sein Zorn ist groß,
Helft, helft, ihr schönen Frauen!
Bergt ihr mich schützend nicht im Schoß,
So werd' ich durchgehauen.

---

dû bist ein viereggôt bûr, des muost dû holz an eime raine houwen.

Ulrich von Singenberg, ed Wackernagel p.249.

[25] ... iemer mêre owê! ...

Biterolf.

Im Lager von Akkon 1190.

Kampfmüd und sonnverbrannt,
Fern an der Heiden Strand,
Waldgrünes Thüringland,
Denk' ich an dich.
Mildklarer Sternenschein,
Du sollst mir Bote sein,
Geh, grüß die Heimat mein
Weit über Meer!

Feinden von allerwärts
Trotzt meiner Waffen Erz;
Wider der Sehnsucht Schmerz
Schirmt mich kein Schild,
Doch wie das Herz auch klagt,
Ausharr' ich unverzagt:
Wer Gottes Fahrt gewagt,
Trägt still sein Kreuz.

Drüben am Belusbach
Ist schon die Vorhut wach;
Heut noch klingt Speereskrach
Durch Kisons Flur.
Horch, wie die Hähne krähn!
Heut bleibt das Frühmal stehn,
Heut, werter Sarazen,
Hau'n wir uns satt!

Die Heimkehr.

Im heiligen Land, im Wüstensand
Bin ich zu Feld gelegen
Und kehre sonnenbraungebrannt
In heimischen Gehegen:
Nun erst, mein alter Heimatwald,
Weiß ich dich ganz zu schätzen.
Mich deiner dunkeln Prachtgestalt
Tagtäglich neu zu letzen.

Ich sah die Ebne Esdrelon,
Der Aquädukte Bogen,
Und sah in rauschender Fächerkron'
Den Palmenhain erwogen.
Fern sei, solch adlig schlank Gehölz
Dem Sarazen zu neiden;
Ich mußte um den Trunk des Quells
Mit sieben Heiden streiten.

Ich hab' viel giftigen Schmack und Ruch
Auf Syriens Feld erlitten;
Wie anders schmeckt ein voller Zug
Der Luft in Harzwaldmitten![26] Wer einmal diesen
Jungbrunn fand,
Der schöpft aus keinem andern;
Thüringer Wald, Thüringer Land,
Nur hier mag ich noch wandern!

---

[26] ... sie sprachen, solde er genesen
unde der seuche kumen abe
er muste vernames varen abe
in den luft, under dem er were
geboren. das was îm swere:
idoch so mustez also sin.

Die Thüringer vor Accon v.8023 ff.

Will je, der Meerfahrt Rest, an mir
Ein Wüstenpesthauch zehren,
Such' ich im Nadelholz Quartier,
Ihn siegreich abzuwehren:
Denn das ist deutschen Waldes Kraft,
Daß er kein Siechtum leidet
Und alles, was gebrestenhaft,
Aus Leib und Seele scheidet.

Daß ich wieder singen und jauchzen kann,
Daß alle Lieder geraten,
Verdank' ich nur dem Streifen im Tann,
Den stillen Hochwaldpfaden:
Aus schwarzem Buch erlernst du's nicht,
Auch nicht mit Kopfzerdrehen:
O Tannengrün, o Sonnenlicht,
O freie Luft der Höhen!

Mein Kreuzfahrtschild hängt im Geäst,
Kriegsruhmes gern ich darbe,
Ich schließe meiner Tage Rest
Als Mann der grünen Farbe.
Noch möcht' ich pflegen manchen Baum
Den Enkeln einst zum Schatten,
Noch roden manchen wüsten Raum
Zu Wald und Wiesenmatten!

Noch auf und ab am Inselsberg[27] Manch weidlich
Jagdlied singen
Und so mein Forstmanntagewerk
Treu, wie sich's ziemt, vollbringen.
Klopft dann der Oberforstherr Tod
An meine Kemenaten,
Sein Klopfen wird mir nicht zur Not
Und ewiger Pein geraten.

---

[27] ... montem Cincissberg usque ad fluvium Loucha cum parte nemorum e vicino
ipsius montis latere adiacentium, quae Tamvortinawe dicitur ...

Näht mich in eine Hirschhaut ein
Im grünen Sonntagskleide,
Das Jagdhorn von Weißelfenbein,
Den Spieß legt mir zur Seite:
Verschließt die Berggruft mit dem Schild,
Deckt sie mit Moos und Rasen,
Ich hoff' von dort einst Wald und Wild
Zur frohen Urstend zu blasen.

Eine Totenfeier.

... idem Ludewicus, tertius huius nominis lantgravius, acer bello, sagax ingenio, pietatis miseratione precipuus, ipso die quo avunculus eius Fridericus imperator signum crucis superinduit, et ipse quoque fignatus est. Attamen cum Imperatore non ivit, sed aliis negotiis preoccupatus erat. Unde circa festum beatorum Petri et Pauli apostolorum non post imperatorem sed per Apuliam profectus est.

Perveniens Brundusium paratisque navalibus in manu bellica et robusta exercitu transfretando Tyri partes applicuit, ubi honorifice a Conrado marchione, consanguineo eius ... Tyro receptus est. Audientes vero fideles, qui in obsidione Acharontis iam pene rebus et corpore lassati defecerunt, tantum advenisse principem, spe nova concepta honorabilibus cum rogationibus legationibusque eum venire rogarunt asserentes quod, nisi subito iis subventum foret, cuncta simul cristianorum prefectio quasi desperata in irrecuperabilem deditionem improvide laberetur.

Quo audito, princeps magnificus, sciens sibi tantorum esse reposita laborum premia, nichil hesitans ad Acharontis partes viriliter accesit et desperatos ibi fideles in hostem crucis alacriter animavit.

... Qui denique post gloriofos sacramentorum militarium plurimos triumphos, post innumera elemosinarum impendia ... incredibilibus erumpnis ad ultimum supplicum deveniens, in transmarinis partibus diem claudens extremum, ut dictum est in plena fide, XVII. Kalend. Novembr. a corpore mortis huius exemptus migravit ad dominum. Cuius comites post sufficienta lamenta et crebros planctus, ad Cyprum applicuerunt, ubi evisceratis eiusdem principis visceribus et in sartagine excocto cadavere quiquid carneum, quidquid medullosum fuerat, in quodam Cypri sacello sepultum est.

... naufragosi et simicincti ad litora Venecie cum multa difficultate iam dicti principis ossa detulerunt et in Reynersbornensi ecclesia nono kalend. Januarii circa patrum suorum sepulchra, reverendissime composita sunt.

Annales Reinhardsbrunenses, ed Wegele. Jena 1854. p. 49 u. 52.

Anno domini M. C. nonagesimo
septimo decimo Kalendas Novemb.
obiit Ludewicus pius, tertius Thuringorum
Landgravius et hic sepultus.

Epitaphium Reinhartsbrunn.

Zu Reinersbrunn im Chor ward einer reinen
Und tapfern Seele heut ein Mal geweiht
Und zu der Ahnen Grabgedächtnissteinen
Der für den Jüngstbestatteten gereiht.
Die Orgel schweigt. Ernst sah man aus den Hallen
Der Beter dunkle Scharen heimwärts ziehn,
Nichts regt sich mehr – nur Weihrauchwölklein wallen
Ums ew'ge Licht gleich Schemen her und hin.
    Ich aber lehne noch in stiller Trauer
    Beim Steingebild an des Gewölbes Mauer.

Fürwahr, du bist's: Thüringens Herr, der Milde,
So wie du auszogst auf die letzte Fahrt,
Ob dem vom Reich verliehnen Adlerschilde
Schwingt hoch die Faust dein Banner Sigehard;
Das teure Antlitz, das der Tod uns raubte,
Durch Künstlerhand lebt's hier zum andernmal...
Frei ragt die Stirn. Vom unbedeckten Haupte
Fällt königlich der Locken Schwall zu Tal,
    Und prunklos kündet, *wen* dein Schwert geschlagen,
    Die Pilgermuschel auf des Mantels Kragen.

So sah ich dich an jenem Tag der Ehre,
Da du uns in die Heidenschlacht geführt,
Da man den Schildkrach und den Stoß der Speere

Von Akkers bis Damaskus hin verspürt.
Zu Machmet rief die Turkomanenmeute,
Herr Saladin tat selbst den ersten Streich.
»Hilf, heilig Grab,« riefst du, »wir streiten heute
Um unser bestes Erb, das Himmelreich!«[28]   Die
Wahlstatt dröhnte, unsre Renner schnoben,
    Und mit dem Staub war auch der Feind zerstoben.

Du harrtest aus, als siech und abgemagert
In Winternot und Pest das Heer gewankt,
Als wir, im eignen Lager selbst belagert,
Wie Schatten bleich nur matt zum Wall geschwankt...
Durch neu gekommner Pilger boshaft Sprechen
Ward noch zum Schaden frecher Spott gesellt,[29] Du
wehrtest uns hochfährtigen Schimpf zu rächen,
Dich selbst verleugnend als demüt'ger Held...
    Des Heilands Beispiel lehrte dich Versöhnung,
    Auch ihn traf, eh' er sterben ging, Verhöhnung.

---

[28] stritet hute froliche
um ewer erbe, das hymelriche!

Die Thüringer vor Accon v. 1894.

[29] sie haben ouch einen unsiten
alle Walhe gemeinlich:
der Dutschen êre unlidelich
în ist, sie wesen in gehaz.

Ebendas. v. 7827 ff.

Vergl. mit Fridank p. 163:

swer schuldic si daz rihte got
daz wir da sîn in der Walhe spot,
und möhten tiusche liute
daz lant gewinnen hiute
die Walhe sint în so gehaz
sie gunnens den heiden michels baz.

Heil dir, der du das Ende nicht erschautest...
Nur Hiobskunden kommen über Meer,
Denn jene Gotteskraft, der *du* vertrautest,
War nicht in Frankreichs, nicht in Englands Heer.
Was reift als Frucht, seit ihr Vertrag errungen,
Was uns mißlang in offnem Mauersturm?
... Einst war das Bollwerk, das wir nicht bezwungen,
Jetzt ist ganz Akkers – ein verfluchter Turm!
> Todsünden, deren sich die Heiden schämen,
> Sieht man Getaufte üben sonder Grämen.[30]

Dich schmerzt es nicht mehr. – Zu den Sternen droben
Dringt keine Griechenlist, kein welscher Hohn...
In andrer Sonnen Glorienschein erhoben
Pflückt sich dein Geist der reinen Streiter Lohn.
Dort winkt ein Kreis verklärter Gottesdegen
Um ihren Kaiser Rotbart treu geschart...
Dem Neffen Ludwig ruft der Ohm entgegen:
»Willkommen, Held! Du hast dich nicht gespart,
> Treu bis zum Tod bist du dem Kreuz gewesen,
> Rück ein zu uns, – die Seele ist genesen!«

Die Erscheinung.

Jenem Pfad sei Heil und Segen,
Jenem Pfad sei nie geflucht,
Der auf moosverwachs'nen Stegen
Niederführt zur Wildbachschlucht!
Starker Quellen Rieselwellen
Schäumen zu dem Kessel hin,
Drin die huschigen Forellen
Pfeilschnell auf und nieder fliehn.

---

[30] »Der verfluchte Turm,« turris maledicta, hieß das während der Belagerung von Akkon meist genannte und meist bestürmte Hauptbollwerk, der Malakoff von Ptolomays. – Der allgemeinen Entrüstung der deutschen Kreuzfahrer über das nach endlicher Wiedergewinnung durch die Christen alsbald dort einreißende unheilige treulose Leben hat Fridank, der 1228 die syrischen Zustände kennen lernte, in seinem Kapitel 46 »Von Ackers« beredten Ausdruck geliehen.

Hohe überschlanke Buchen
Wölben sich zum Schattendach...
Weil sie Licht und Sonne suchen,
Ist ihr Wachstum gar so jach...
Und sie streu'n als weichen Teppich
Dürres Laub gebräunt und dicht,
Doch den Fels umwuchert Eppich
Immer grün und immer licht.

Selig, wer mit stillem Lauschen
Einsam dort die Waldrast hält,
Wer beim flüsternd milden Rauschen
Das Getös vergißt der Welt!
In dem Moos des großen Steines
Ruht die Armbrust ungespannt...
Kommt ein Wild zum Schuß, kommt keines,
Heut sind Bolzen nicht zur Hand.

Horch, es raschelt in den Zweigen,
Schwebt wie Nebel nur mir hin.
Und zur Flut seh' ich sich neigen
Himmlisch scheu ein Magedîn ...
Prüfend senkt's den Fuß zur Brandung,
Schauert leicht und lächelt fein,
Löst sich Gürtel und Gewandung,
Taucht, wie Gott es schuf, hinein.

Wies der Elf der Murmelquellen,
Wilder Schönheit siegsbewußt,
Dem verträumten Weidgesellen
Solchen Bilds verstohlne Lust?
Hei, noch schweb' ich wie in Lüften,
Noch verblendet mich die Pracht
Jener Brüstlein, jener Hüften,
Jener Glieder, lustumlacht.

Und noch mag ich nicht begreifen ...
... Noch haltan! ich bin vermählt,
Und Frau Udelhild wird keifen,

Daß ich so *viel* schon erzählt.
»Elfen?« schilt sie – »sinnlos dichten,
Träume in den Tag hinein,
Borkenkäfer, Jagdgeschichten,
Biterolsisch Waldlatein!!«

Der Rennstieg

Das war ein Ritt – laß dir von ihm berichten –
Ein Ritt auf wilder moosverstrüppter Bahn:
Es galt des Forstmanns friedlich heitern Pflichten,
Und Heldentaten wurden nicht getan.
Doch wem der Heimat reine Lüfte teuer,
Wer grüne Farbe über alles hält,
Der fragt nicht viel nach Kampf mit Ungeheuer,
Nach Lorbeerkronen welscher Fabelwelt ...
  Vergnügt, wenn ihm sein täglich Brot bescheret
  Und jener Harzduft, der die Seele nähret.

Wir trabten aus – getreue Waldespfleger,
Die Henneberger, die des Abts von Fuld
Und andre mehr, bestandne Meisterjäger,
Wie sie berief verschiedner Landherrn Huld.
Auf Bergesscheiteln läuft ein alt Geleise,
Oft ganz verdeckt von Farnkrautüberschwang;
– Schickt sich der Storch zum siebtenmal zur Reise,
So neut sich dort der Nachbarn Grenzbegang:
  In Forst und Jagd gilt's, Zweiungen zu einen
  Und neu die Mark zu zeichnen und zu steinen.

Kein steinern Pflaster, drauf die Römer zogen,
Wie es mein Aug' im heil'gen Land erschaut,
Mit Meilenzeigern, Wasserleitungbogen,
Mit Grabdenkmalen, Brücken reich umbaut –
Ein deutscher Bergpfad ist's! Die Städte flieht er
Und keucht zum Kamm des Waldgebirgs hinauf,
Durch Laubgehölz und Tannendunkel zieht er
Und birgt im Dickicht seinen scheuen Lauf.

Das Eichhorn kann von Ast zu Ast sich schwingen,
Soweit er reicht, und nicht zum Boden springen.

Der Rennstieg ist's: die alte Landesscheide,
Die von der Werra bis zur Saale rennt
Und Recht und Sitte, Wildbann und Gejaide
Der Thüringer von dem der Franken trennt.
Du sprichst mit Fug, steigst du auf jenem Raine:
Hie rechts, hie links! hie Deutschlands Süd, dort Nord...
Wenn hie der Schnee schmilzt, strömt sein Gruß zum
Maine,
Was dort zu Tal träuft, rinnt zur Elbe fort;
    Doch auch das Leben weiß den Pfad zu finden,
    Was Menschen trennt, das muß sie auch verbin-
den.

Verschollner Völker dunkle Wanderungen,
Kampf um den Landhag... Ueberfall und Flucht...
Kriegswiese... Mordfleck... Richtstatt: manch verklun-
gen
Geheimnis schwebt um Höhensaum und Schlucht.
Und wer zu hören weiß in frommem Lauschen,
Wie, herrlicher als Lied und Kunstgedicht,
In stundenlangem leisem Wipfelrauschen
Des Waldes Seele mit sich selber spricht,
    Der muß, wenn sommerliche Lüfte wehen,
    Auf diesem Stieg als Wandrer sich ergehen,

O Lust, die grüne Wildnis zu umkreisen!
Ich war als Obmann für den Zug erwählt
Und trug den Handschuh, feierlich zu weisen,
    Wo sich ein Markstein findet, wo er fehlt.[31] Oft ritten

---

[31] ... circumductor efficitur praecedens et indice demonstrans .. ibat ergo, et
ciroteca quam rustici wantum vocant, manu superducta demonstravit.

Sigehardi miracul, S. Maximini bei Pertz Mon. Germ. VI. 232.

Wanderer unserer Tage geleitet als pfadkundiger Führer das von Waldluft
durchwürzte, sorgfältige Werk von A. Ziegler: der Rennstieg des Thüringerwal-

Stunden wir und ritten Meilen
Und trafen keine Hütte, keinen Herd...
Oft ließen wir die Rosse und mit Beilen
Ward dicht Gesträuch gerodet und geklärt;
    Auch schreckte in der Quellschlucht Nebelfeuch-
ten
    Verfaulter Stämme nächtlich Irrlichtleuchten.

Und als wir kamen ab der hohen Leite
Dem Donnershang, der Zeller Loibe[32] nah,
Wie dehnte sich in unermessner Weite
Blaufernem Glanz vor uns die Landschaft da!
Da hub der Rupberg sich, der gipfelbloße,
Und des gebrannten Steins verwitternd Haupt,
Der kleine Dollmar, kraftvoll wie der große,
Der Hermannsberg, von Buchen grün umlaubt;
    Zu Füßen tief – im Nebel tauig dämmernd –
    Der Schönaugrund, hufschmiedend, eisenhäm-
mernd.

Dort im Gewirr der nah' und fernen Rücken
Erkannt' ich auch den hohen Stillerstein
Und sah gerührt mit heimatfreudigen Blicken
In meiner Kindheit rauhes Land hinein.
Wer kennt das Strohdachdörflein in dem Tale,
Durch das die Stille zur Smalkalde fließt?

---

des, eine Bergwanderung. Dresden 1862.

[32] .. dass die wiltpan, die wiltjât und das geleit des waldes genant der Melser
und Zeller gewalt hin diesseit hinuf bis uf die Lewben an den Rynnestigk von
alter here der herren von Henneberg gewest sey und noch sey und gedenke ihn
keyner dass noch ie keyn ander herre hie diesseit des Rinnesteigs geiagt habe,
dann die herren von Henneberg.

Zeugenverhör des Abtes Berthold von Vessra vom Jahr 1445. Schultes diplomati-
sche Geschichte des gräflichen Hauses Henneberg I, 443.

's ist meine Hauptstadt![33] leider eine kahle,
Wo Hirse nur und dünner Hafer sprießt.
    Bleib' ihr als einz'ger Schatz denn unentweiht
    Das Glück zufriedner Abgeschiedenheit.

Und als wir kamen zum *Dreiherrensteine,*
Briet schon am Spieß das Reh, das wir erlegt,
Am Steintisch ward im traulichen Vereine
Im Namen der drei Herrn des Mahls gepflegt,
Und da geschah, nach Brauch der Nachbarmärker,
Daß jeder Gast auf eigner Hoheit saß
Und doch der Thüring und der Henneberger
Mit dem von Fuld aus *einer* Schüssel aß.
    »In strengen Rechten Nachbarschaft und Frieden!«
    So ward's durch dieses Sinnbild uns beschieden.

Viel Volks war unsrer Mahlzeit zugelaufen,
Als wär's ein heidnisch Götzen-Opferfest,
Sie lagerten im Gras in bunten Haufen
Und schmausten des gebratnen Rehbocks Rest.
Und mit dem Handschuh winkt' ich sie zum Kreise
»Als wär' zur Stund ein Waldgericht gehegt,
Sei jedem jetzt nach Weidmannszeugnisweise
Des Tags Bedeut sein Lebtag eingeprägt!
    Wir Förster schreiben ungern mit der Feder,
    Doch unsere Zeichenschrift versteht ein jeder.«

... Die Knaben zupft ich weidlich an den Ohren,
Den Mannen fuhr ich raufend durch den Bart
Und sprach: »Nun merkt, als sei es frisch beschworen,
Wie hier der Rennstieg frisch bestätigt ward!
Noch merket auch, daß, wie wir drei in Frieden
Am gleichen Stein das gleiche Mahl verzehrt,
Ihr drüben, wie wir hüben, ungeschieden
Dem gleichen Volk als Brüder angehört:

---

[33] ... Stilla, daz ist min houbetstat!

Biterolf im Gedicht vom Krieg auf Wartburg.

Ein Deutschland nährt den Thüring, Hassen, Franken,
Und echter Liebe setzt kein Markstein Schranken!«

Der Vogt von Tenneberg.

... ûf einer linden saz...

Parzival, 248, 14

I.

Ich bin der Vogt von Tenneberg,
Den Minne nie befangen,
Im Lindenwipfel streck' ich mich
Und laß die Beine hangen.

Mit Heeresfolg' im Eisenkleid
Und blankem Ernst der Waffen,
Mit Burghut und mit Wildgejaid
Hab' ich vollauf zu schaffen.

Und lieg' ich still, so harret mein
Ein trauter Hausgeselle,
Der führt den Namen Bruder Wein,
Im Spitzglas blinkt er helle.

Sanft pflegt mir der den müden Leib
Und freudigt Herz und Sinne,
Das minnigste, sinnigste, süßeste Weib
Bleibt doch eine Valandinne.

Und käm' Britannias Königin
Mit allen Frau'n vom Hofe,
Ich rückt' vom Platz nicht, drauf ich bin,
Und spräch zur schönsten Zofe:

Ich bin der Vogt von Tenneberg,
Den Minne nie umfangen,
Im Lindenwipfel streck' ich mich
Und laß die Beine hangen.

II.

Ich bin der Vogt von Tenneberg
Und auch von Waldrathausen
Und pfleg' im Lindenwipfelwerk
Als wilder Falk zu hausen.

Was ficht der Tuck der Welt mich an
Samt allen Teufelslisten,
Kann ich, ein frühlingsseliger Mann,
In reinen Höhen nisten!

O honigschweres Blütenhaus!
O wunderwürzige Räume!
Die Biene nur summt ein und aus,
Sie summt mich sanft in Träume.

Jüngst aber kam vor meinen Thron
Ein fremder Knab' geflogen,

---

[34] H. Hollands Geschichte der altdeutschen Dichtkunst in Bayern, Seite 167,
entnehme ich die hierher passende Anmerkung:

»Das Mittelalter liebte die Sitte, in den Gipfeln von großen Bäumen, insbesonde-
re der Linden und Eichen, Gerüste mit Geländern zur Aussicht in die Weite und
eine Art Sommerhäuschen zu bauen, auf denen man sich vergnügte, schmauste,
trank und von denen herab häufig auch Prediger zum Volke sprachen, z. B. jener
berühmte Prediger Berthold. Vergl. J. Grimm, Wiener Jahrb. d. Literatur 1825,
B. 32, p. 203 ... die Sitte wurzelte wahrscheinlich im alten Götterkult, der ja am
liebsten seine Bilder auch in die Bäume setzte.« – Eine also zu sommerlichem Sitz
hergerichtete Linde, zu welcher eine Leiter emporführt, steht oder stand auf der
Anhöhe über Waltershausen.

Kupido, Frauen Venus Sohn,
Mit Köcher, Pfeil und Bogen.

Er rief: »Ich geh' dich kampflich an,
Hagstolzer Tennebergaere,
Dieweil du dich so hoch getan
Und weigerst mir die Ehre!«

Er schoß mit Pfeilen, schwirrt' und pfiff,
Als müss' ihm Sieg gelingen,
Da tat ich einen festen Griff
Und packt ihn an den Schwingen.

Zur Stund' zerging des Unholds Freud',
Ich hielt ihn am Gefieder,
Ich hab' ihn weidlich durchgebläut,
Er kommt mir nimmer wieder!

III.

Das war der Vogt von Tenneberg,
Den Minne nie umfangen.
Mit Weib und Kind selbsiebent kommt
Vergnügt er jetzt gegangen.
Das jüngste spielt ihm auf dem Arm
Mit Bart und Harnischkette,
Er schafft ihm Brei und hält es warm
Und legt es auch zu Bette:

»Wigen wagen, gugen gagen,
Ach mir tagen sanfte Plagen,
Schreier, Schreier, kleiner Schreier, schweig, ich
will ja gern dich wagen!«

Das war der Vogt von Tenneberg,
Den Minne nie umfangen.
Im Lindengrün zum Trocknen jetzt
Gewaschne Windeln hangen,

Und stille ward es, mäusleinstill
Im Wipfel und am Stamme,
Er singt nur, wenn der Dienst es will
Zur Ablösung der Amme:

>>Wigen wagen, gugen gagen,
Ach mir tagen sanfte Plagen,
Schreier, Schreier, kleiner Schreier, schweig, ich
will ja gern dich wagen!<<

Sol ich disen sumer lanc
bekümbert sin mit kinden
so waer ich lieber tot,
des ist mir min vröude kranc
reigen, o we dirre not!
wigen, wagen, gugen, gagen!
wenne wil ez tagen?
minne, minne, trute minne, swig, ich wil dich wagen.

amme, nimm daz kindelin
daz es niht enweine;
als lieb, als ich dis si.
Ringe mir die swaere min,
du maht mich aleine
miner sorgen machen vri.
wigen, wagen, gugen, gagen!
wenne wil ez tagen?
minne, minne, trute minne, swig, ich wil dich wagen.

Mit diesem ergötzlichen Wiegenlied beschloß einst der waldfröh-
liche Schwabe, Herr Gotfrit von Nifen, die farbenbunte Reihe seiner
Minnegesänge.

Der Mönch von Banth

Waldpsalm.

ir klôsterlûte, vrouwet ûch:
ir sit vil maneger muowe entgân
die werltliche lûte hân!

Ebernand von Erfurt.

Auf, zu psallieren in frohem Choral;
Pörtner, erschließe des Klosters Portal!
Frühling ist kommen voll sprossender Lust,
Schmücket, ihr Brüder, mit Veilchen die Brust,
Wandelt lobsingend zum Buchwald hinaus,
Denn auch der Wald ist der Gottheit ein Haus.

Sehet die Halle, wie stolz sie sich hebt,
Stolz zu der Bläue des Himmels aufstrebt;
Riesige Buchen, mit Tannen gepaart,
Stehen als Säulen der edelsten Art,
Und als ein Kuppeldach, luftig und weit,
Wölbt sich der Wipfel laubgrünendes Kleid.

Wandelt zur Lichtung der Höhe empor!
Das ist der Waldesbasilika Chor:
Felsen, zu Steintisch und Bänken geschlichtet,
Stehen dort kunstreich im Fünfeck errichtet,
Heil dir, o Platz, der Erholung geweiht,
Buchenumfriedete Einsamkeit!

Teilet die Reihen und haltet jetzt an!
Abt mit dem Prior, er schreite voran,

Hoch in der Mitte, am längeren Stein,
Muß ihr geziemender Ehrensitz sein;
An den vier Seiten, in Gruppen getrennt,
Tafelt der fröhliche Waldeskonvent.

Stimmet die Lauten und Zimbeln nun rein,
Vögel im Laubversteck, fallet mit ein,
Schalle ernstkräftig, du Waldespsalm, auf,
Wirble mit Weihrauch zum Himmel hinauf:
Ehre und Preis sei dem Bauherrn der Welt,
Der sich als Tempel den Wald hat bestellt!

Bericht vom Meerdrachen

[35]

... et aquae praevaluerunt nimis
super terram: opertique sunt omnes

---

[35] Die fossilen Ueberreste der Riesentiere der Urzeit erregten schon frühe die Aufmerksamkeit der Deutschen, in deren ältesten Stammsagen die von der Geologie der Zukunft vielleicht dereinst bestätigt werdende Tatsache, daß in den Niederungen der Stromtäler die ersten Menschen noch auf die letzten Drachen, jedenfalls auf starke Spuren derselben stießen, mit seltener Beharrlichkeit wiederkehrt. – An der Münze auf dem Markte zu Worms sah man ein Gemälde von Siegfrieds Drachenkampf, »wobei auch das Gebein von den Riesen und Drachen, welche Seyfried überwunden, in eiserne Ketten gefaßt, hangen tut.« Quad von Kinkelbach, teutscher Nation Herrlichkeit, Köln 1690, Seite 145. – Noch heute starren dem Wanderer hoch über dem Portal der 1096 gegründeten Klosterkirche zu Alpirsbach im Schwarzwald ein hornförmiger Mammutzahn und gewaltige Wirbelknochen in Ketten eingeschlungen, fremdartig entgegen. Im Chor einer Kapelle im Ammertal war ein großer Tierschädel an die Mauer gekettet, der für den Kopf eines dort erlegten Lindwurmes ausgegeben wurde. Uhland in F. Pfeiffers Germania I, 306. Ein grauenerregendes, fossiles Steinhaupt samt dazu gehörigem Skelett – ähnlich dem, von welchem in der Dichtung des Mönchs Nicodemus die Rede ist, bildet das Prachtstück der merkwürdigen Sammlungen des jetzigen Schlosses Banz am Main und ist durch seine riesigen Dimensionen (der Kopf allein ist 7' lang) und durch die treffliche Erhaltung aller Einzelheiten wohl der imposanteste Drachenüberrest in Europa. Vergl. Theodori, Beschreibung des kolossalen Ichthyosaurus trigonodon in der Lokal-Petrefaktensammlung zu Banz, mit Abbildungen in natürlicher Größe. München bei Franz, 1854.

montes excelsi sub universo
coelo. Quindecim cubitis altior fuit
aqua super montes, quos operuerat.

Genes. VII, 19.

Solches spricht von Banth der Mönch Nicodemus:
Vieles kündet von Drachen uns die Sage,
Wie sie in der Berge Steinkluft hausten,
Grauenhaft Gewürm im Schuppenpanzer,
Aller Kreatur ein' Schreck... und wie sie mordfroh
In der Menschen Flur und Triften schnaubten,
Hirt wie Herde sich zum Fraß ersehend,
Daß die Spur genagter Knochen weitum
Warnend hinwies nach des Scheusals Twingburg.

Gehrst du doch, solch Untier zu erreiten
Und im Ritterkampf zu Gottes Ehre
Deines Armes Kraft an ihm zu proben,
Sagt man: Freund, so steht's in alten Mären,
Unsereins hat keinen mehr erlebt.
Aber ich, von Banth der Mönch Nicodemus,
Hab' erschaut mit meinen eignen Augen
Einen Drachen, der im Fels versteint lag,
Hab' befühlt mit meinen eignen Händen
Seines Rachens Zähne, den Riesenschädel,
Seine Wirbelknochen, seine Rippen.
höret denn, wie jenes einst sich zutrug:

Stieg zu Tale von dem waldigen Banthberg,
Wo der Abhang nach dem Main sich senket
Und gen Unnersdorf .. man heißt die Gegend
Märzensee, doch liegt das meiste trocken,
Klosterleute brachen dort der Straße
Durchbruch durch den bläulich grauen Schiefer,
Und ich dachte eine schöne Platte
Zu gewinnen, die zum Steintisch taugte
Unserm Waldplatz, den die Brüder nennen

Arboretum Recreationis,
Denn wir pflegen dort im Buchenschatten,
An dem Steintisch auf der Steinbank sitzend,
Gern den Geist in heilige Schrift zu senken
Oder auf der waldumhegten Schießstatt
Nach dem fernen Scheibenziel zu schießen,
Bogenspannend und mit wuchtigem Gerwurf.

Und ein jeder liebt das kühle Oertlein,
Also wählt' ich drunten am Gesteine
Eine schief gesenkte dunkle Schichtung,
Deren alte Sprüng' und Risse wiesen,
Wie sie leicht in Platten abzulösen,
Und den Hauern winkt ich: »Diese sprengt mir!«
Jene auch mit guten Hebestangen,
Eisenkeilen und dem andern Hauzeug
Gingen wacker an ihr Steinbrechtagwerk,
Da sprach einer, dem die Stirn von Schweiß troff:
»Sonderbar. Wir stoßen auf Unebnes
Gegen dieser Felsenart Gewohnheit;
Etwas Fremdes nistet im Gesteine.«
Doch sie rammten unverdrossen weiter,
Bis die ganze Oberfläche lück war.
Mit des Krenzes Zeichen sie besegnend
»Auf! dem heiligen Dionys zu Ehren,
Lins, zwei drei – und losgelassen!« rief ich,
Und die Platte sank ...
o dreimal Wunder!

Nie vergess' ich jenes wilden Anblicks:
Vom Geschiefer, das da kam zum Vorschein,
Rings umschlossen, halb darin erhaben,
Zeigte sich ein ungeheures Steinhaupt,
Wer da grub, entwich mit lautem Aufschrei,
Und ich schlug das Kreuz und sprach von ferne
Einen lauten starken Exorcismus,
Der des Orts Dämonen, bösen Erdgeist
Und was sonst von teufelischer Abkunft
In der Tiefe lauert, bannen sollte.

Dann erst wagten wir hinanzutreten
Und beschauten scheu vorsichtig tastend,
Uns des Schädels nie erschaute Bildung,
Nicht vermocht' ich, meine Arme breitend,
Ihn nach beiden Enden zu bespannen,
Und ein Rachen gähnte uns entgegen
Riesenlang, doch mäßig in der Breite,
Spitz zu ging er, wie ein Rabenschnabel
Leis hinabgekrümmnt am obern Kiefer,
Wohlbewehrt in blanken Zähnen starrt' er,
Ueber fünfzig zählt ich nach der Länge,
Spitz und schneidig, Fleisch wie Bein zu malmen,
Spurlos mocht' ein wohlgewachsner Jüngling
Drin verschwinden, so er ihn erschnappte.

Nah' am Rachen kündete ein großes
Kreisrund Loch, daß hier des Auges Platz war,
Und zwei Spalten wiesen Nasenlöcher,
Draus er Wasser springbrunnartig sprudeln
Oder Feuerodem blasen mochte.

Dieses all war nicht der Sinne Täuschung;
Denn trotz der Versteinung sahn wir deutlich
Noch der Knochen Mark und Faserlinie,
Selbst den Schmelz der Zähne .. und ein Forstwart
holt' ein altes Schwert und schabte wacker,
Daß die Form der Schieferhülle frei ward.

Aller Männer Neugier ward nun rege,
Weiter zu erspähn, wie's mit dem Leibe
Dieses Riesenungetüms beschaffen.
Und in ungestümer Steinbrecharbeit,
Doch mit Vorsicht lösend, nicht zertrümmernd.
Sprengten wir die ganze Felsendecke,
Sieh! da kamen als des Hauptes Fortsatz
Ungeheure Rückenwirbellnochen,
Erst zusammenhängend, wohlgefügt noch,
Dann zerstreut, dahin, dorthin verschleudert.
Gleich als ob das Tier, nachdem's verendet.

Von der Sintflut, die es hier begraben,
Lang erst hin und her geschwemmet worden.
Rund war ihre Form, schier wie die Steine
In dem Brettspiel, aber zehnfach mächt'ger.
Schlank und lang, gleich Reifen eines Fasses,
Reihten dran sich mächtige Seitenrippen,
Aber statt des Fußes sahn wir deutlich
Spuren einer schuppenstarken Flosse,
Aehnlich einer Sohle, die mit schweren
Nagelköpfen um und um beschlagen.

Da sprach ich, von Banth der Mönch Nicodemus:
»Lobet Gott, denn groß sind seine Werke,«
Und ich ging, dem Abte es zu melden.

Doch zur Nachtzeit, als der Mond mit vollem
Glanze aufging ob dem Staffelberge
Und die Sterne in dem Main erblitzten,
Trieb mich's wieder hin zu dem Gebilde,
Gleich wie einer, der die Totenwacht hält,
Saß ich bei den ausgegrabnen Knochen,
Einen Blick in graue Schöpfungsdämm'rung
Tat ich und andächtigen Sinnes dacht' ich:

»Sei gelobt, Herr Himmels und der Erde,
Der du solchen Zeichens mich gewürdigt,
Zeichens von der Erdenstoffe Wandlung.

Dieser also, dessen steinern Haupt ich
hier berühre, war ein grimmer Meerdrach,
Ein Serpant von zehen Männer Länge,
Des Geschlechts vielleicht wie der, den Perseus
Mit dem Schild Medusa einst versteint hat.
Glich vielleicht im großen der Aegypter
Krokodiltier, das der Nilstrom heget,
Doppellebig, land- wie wassertüchtig.
Tiefer Boden, draus ich atmend wandle
Und emporschau' zu des Mondes Kugel,
War der Grund einst einer tiefen Meerbucht,

Diese Höhe, dieser Wald, das Kornfeld,
Drauf itzt friedlich Pflug und Pflüger schreiten,
Wurde einst von solcher Brut beschwommen,
Und der Berg, wo aus der Brüder Zellen
Da und dort einsam das Licht noch schimmert
Und auf hohem Klosterturm das Kreuz ragt,
Ward von Gott gerichtet und geschichtet
Als ein Drachenhünengrab der Urzeit!

So geht alles Irdische den Kreislauf
Und beständig ist allein der Wechsel:
Meer wird Fels und Fels wird Erde, Erde
Nährt als Ackerkrume Baum und Pflanze,
Pflanzenfeuchte wird von Luft gesauget,
Luft wird Wolke, Wolke Regentropfen,
Regentropfen strömt im Fluß zum Meere,
Und so ist, was flüssig erst, dann fest war,
Wieder flüssig nach Jahrtausenden,
Und die Woge rauscht im Ozean,
Der, wie einst der alte seine Drachen,
Itzt des Menschen buntbewimpelt Schiff trägt,
Bis auch er einst abläuft und die Menschheit
Ueberflutend einsargt in den Erdschoß,
Daß den Platz sie räume einer bessern,
Einer gottdurchgeisteteren Gattung.
Denn ob aller Meergewässer Brausen,
Ueber allem, was da ist und sein wird,
Ueber allem schwebt der Geist des Herren,
Laus et gloria in exelsis Deo!«

Also dacht's von Banth der Mönch Nicodemus,
Linde Mondnacht wehte um das Haupt mir,
Freundlich winkte der Planeten Funkeln,
Andern Tages zog mit allen Brüdern
Unser Abt hinaus und sprengte dreimal
Mit geweihtem Wasser das Gestein an,
Dann gebot er uns, mit Karst und Spaten
Eine tiefe Grube aufzuwerfen,
»Senket,« sprach er, »alles, Haupt wie Knochen,

In die Tiefe. Was uns Gott verborgen,
Soll der Neugier Hand zu Tag nicht rühren,
In der Schrift steht: Laßt die Toten ruhn!
Eine Waldkapelle will ich bauen
Hier zu Ehren unserm ritterlichen
Heiligen Georg, dem Lindwurmtöter:
Was ihr fandet, soll das Fundament sein,
Aber schweigt und wahret's als Geheimnis!
Groß ist Gott in seiner Wunderschöpfung,
Aber groß ist auch des Teufels Blendwerk,
Und man weiß nicht, wessen diese Reste.
Gott allein löst aller Dinge Rätsel,
Eitel unnütz Reden stammt vom Teufel.«

Wie der Abt es fügte, so geschah es.
»Amen!« spricht der Mönch von Banth Nicodemus,
Gloria in exelsis Deo, Amen!«

Bericht von den Mücken.

dui vliege ist, wirt der sumer heiz,
der küenste vogel, den ich weiz,
dem lewen wolt ich vride gebn,
liezen mich die vliegen lebn.

Fridank c. 43.

Solches spricht von Banth der Mönch Nicodemus:
Wollt ihr wissen, warum nach langer Schwermut,
Langer Menschenscheu, erfindungsreicher
Peinigung des Leibes und der Seele
Sich mein Sinn zum Besseren gewendet
Und sich wieder innig, kindlich freuet
An der Menschen buntem Durcheinander,
An der Pracht des Himmels und der Erde,
Sonnenschein und Waldesgrün und Liedklang,
So vernehmt: den Mücken nur verdank' ich's,
Mücken schufen mir die Sinneswende,

Sind kein unnütz summendes Gesinde,
Hohe Hand lenkt auch den Mückenflug.

Lange hielt ein Uebel mich umstricket,
Der Lateiner nennt's Melancholeia.
Träg rinnt das Geblüt da in den Adern,
Und das Haupt umlagern Wahngedanken
Schwer und dunstig wie ein Höhenrauch.
Von dem Abt, vom Prior, vom Konvente,
Der mir nie ein Härlein nur gekrümmet,
Wähnt' ich mich gekränkt und schwer mißhandelt.
Wenn der Brüder zweie oder dreie
In des Blumengärtleins blühender Wildnis
Sich in traulichem Gespräch ergingen:
»Was wird über mich gelästert?« rief ich.
Hallten Tritte im gewölbten Gang auf,
Schrie ich: »Ha, sie nahen, mich zu greifen,
In die Geißelkammer wegzuschleppen,
Rettet mich vor finsterer Verließnacht!«
Im Konvent, im Refektorium selber
Beim gemeinsam fröhlichen Mittagsmahl
Klang mir in den Ohren: »Feinde ringsum!«
Und ich reichte meinen Wein dem Nachbar,
Daß er erst ihn koste, ob kein Gift drin.

Endlich schloß ich ganz mich in die Zelle.

»Laßt den kranken Mann mit den Phantasmen
Einsam kämpfen,« sprach der Abt; die Brüder
Schoben täglich durch der Pforte Gitter
Mir den Wasserkrug, die karge Kost zu.
Endlich mahnte kein verhaßtes Antlitz
Der Gemeinschaft mit der Menschheit draußen,
Und in tiefem Meditieren saß ich
Grübelnd ob des Bösen in der Schöpfung,
Ob der Sünde unmeidbarem Pesthauch
Tag für Tag und starrte auf den Schädel,
Auf den ausgewitterten Totenschädel,
Der des Holztischs einz'ge Zierde war.

Denn warum, wie Sonnenlicht und Schatten,
Gut und Böse in der Welt gepaart ist,
Und warum trotz innern sichern Wissens,
Das uns sagt, was Recht ist und was Unrecht,
Jedem doch die Sünde angeboren:
Dieses ist ein ernstes Weltgeheimnis.
»Heil dir!« sprach ich oftmals vor dem Schädel,
heil dir, ferne, unbekannte Seele,
Deren lang verlassenes Gehäuse
Mich gemahnt, daß du ihn ausgerungen
Den Verzweiflungskampf des Fleischs und Geistes,
Den wir Erdenleben nennen und aus welchem
Wir als Sieger erst im Tod hervorgehn.
Wollte Gott, ich stünd' am gleichen Ziel schon!«

Kirchhofruhig war's in meiner Zelle,
Nach dem Waldgebirge ging das Fenster,
Und oft wochenlang erschien dem Auge
Kein befreundet andres. Da begann ich
Schöpfrisch in erfindungsreicher Selbstqual
Neuen Grames Gegenstand zu suchen,
Und die einzigen erschaffnen Wesen,
Die mit mir der Zelle Raum belebten,
Waren Mücken. – Also, gott- und weltfern
Und empfindlich gleich schallosem Eie
Wandten alle Unglücksphantaseien
Auf das Mückenvolk sich und ich klagte:

»Wehe, weh der schweren Herzensschwere,
Die ich durch die Mücken muß erdulden,
Ich, von Banth der Martermönch Nicodemus.
Morgens schon, schlüpf' ich in meine Kutte,
Nisten sie in Saum und Aermelfalte,
Und erzürnt, daß ich ihn aufgestöret,
Streicht und fleucht der ganze Schwarm ums Haupt
mir.
Just zur Stunde süßen Mittagsschlummers
Heben sie das teuflische Gesumm an
Und turnieren wie die Sarazenen

Wider mich, den harnischlosen Mann!
Rennen auf den Händen auf und nieder,
hüpfen ans den Mund, als ström' er Honig,
Tanzen aus des Auges Lid und summsen
höhnend in die Ohren ihr »Wachauf!« mir,
Tragen selbst nicht Scheu in ihrer Frechheit,
Sich aus meiner Nase zu begatten,
Und vergeblich zieh' ich die Kapuze
Tief mir in die Stirn und rufe flehend
Aller Heiligen Schutz an. Keiner hilft mir.
Und vergeblich von dem Fuße reiß' ich
Mir die glatte hölzerne Sandale,
Raffe mich vom Schragen und beginne
Einzeln an der Wand sie zu erschlagen,
Klipp und klapp! daß sie zerquetscht dran haften:
Während oben ich die einen wehre,
Sitzen andre auf dem nackten Fuß schon
Und beginnen dort des Beißens Kampfspiel.

Nächten hebt sich erst das rechte Elend.
Such' ich müd den Schlummer, dann beschwirrt mich
Nach gelöschtem Licht der Feind von neuem,
Frech und sicher durch die Dunkelheit.
Auch die Stechflieg kommt, die große, die sich
Seither an der Mauerwölbung stillhielt.
Gleich dem Geier, der in hohem Bogen
Um sein Opfer kreist, eh' er herabschießt,
Also summt sie langsam an der Decke
hin und her mit scheußlichem Bremsenzischlaut,
Und ich darf mich sicher drauf verlassen,
Ob ich zehn, – ob hundertmal sie scheuche,
Welchen Fleck des Angesichts zuerst dann
Ihr verfluchter Fuß betrat, auf diesen
Schwirrt sie zehn- und hundertfach auch wieder.

»Wehe, weh, was sind die sieben Plagen,
Damit Moses der Aegypter Land schlug,
Gegen dieses spitzige Mückensimmsumm?«
Also klagt' ich täglich stark und stärker,

Doch der Sommer wuchs und mit dem Sommer
Sein Gefolge: Sonnenstich und Mücken.

Da geschah's in einer Nacht im Juli,
Daß mir wieder solch ein Mückenscheusal
Flügelwetzend auf das linke Ohr saß,
Und verzweifelnd fuhr ich aus dem Schlummer
Und begann den großen Exorzismus:

> Exorcizo te per nomen illud
> quo franguntur inferorum portae
> quo fugatur quivis kakodaimon
> ut recedas, creatura muscae
> omittasque susurrationem!

Aber nach wie vor mit frechem Summen
(Und ich glaub' noch oft, es war ein Dämon)
Schwirrte das unselige Tier ums Haupt mir,
Bis ich endlich kalt und starr und langsam,
Krank und wund in tiefster Seelentiefe,
Sprach: »Genug jetzt. Exest. Nicodemi
Glaub' und Lieb' und Hoffnung sind zu Ende;
Nicodemus trug, was menschenmöglich
Zu ertragen, doch er trägt's nicht länger.
Summe weiter, Teufelsbrut, summ weiter!
Seinen Ohren soll die Qual erspart sein
Und er geht, sich in den Main zu stürzen.«
Grimmig rannt ich durch den Gang, enteilte
Durch ein Schlupftor und gewann das Freie.
Mein gequältes Leben sollte enden.
Kaum die vierte Stunde war's des Morgens,
Würzige Waldluft blies ums schwüle Haupt mir,
Wie ich sie seit Monden nicht geatmet,
Und statt Mückensummen klang dem Ohre
Morgenfrisch ein ferner Lerchenwirbel.
Blindlings war ich hingerannt am Berghang,
Jetzo hielt ich an des Weges Biegung,
Wo ein steinern Feldkreuz aus dem Korn ragt,

Hob den Blick als wie ein Grabentstiegner
Fremd und scheu: Wo steh' ich und was will ich?
Sieh, da lag in heiliger Morgenstille,
Von der Berge Waldkranz grün besäumet,
Breit sich dehnend das gesegnete Maintal;
Ueber dunklem Rücken stund im Osten
Licht Gewölk, schon färbte leise Röte
Als der Sonne vorauseilende Botin
Ihm den Rand .. und lange goldne Streifen
Schnitten wagrecht da und dort durchs Düster,
Während sanft verglänzend auf des Klosters
Türme silbern noch der Mond herabsah.

Langsam wich und sank der Nebel Dämm'rung,
Schon erblinkte jenseit über Weißmain
Hell die Felswand auf dem Kortigas,
Und der Sonne flammengoldne Scheibe
Stieg empor in hehrer Majestät ...
Stieg empor und hauchte Lichtglanz
In die Talflur, auf der Berge Spitzen,
Ringsumher auf Triften, Höhen, Saatfeld,
Turm und Haus und in der Menschen Herzen.

Nah im Kornfeld, wo mit braunen Halmen
Reif der Weizen auf und nieder wogte.
Schritt ein Mann und sang auf früher Wandrung:
    »Brechet den Schlummer und säumet euch nicht,
    Die ihr begnadigt, zu wandeln im Licht;
    Sorge und Not, die das Herz euch beschwert,
    Wird von dem Strahle des Frühlichts verzehrt!«
Stolzen Schalls lies itzt die große Glocke
Von dem Klosterturm zur Morgenmette,
's war der Tag des heiligen Kaisers Heinrich,
Der in Bambergs Bistumsprengel dankbar
Als Patron und Kirchenherr verehrt wird ..
Und als wehend Echo trug die Frühluft
Uebers Tal jenseitige Glockentlänge
Von dem Turm der Vierzehnheil'genwallfahrt
Und vom fernen Adelgundiskirchlein

Auf dem Staffelberge, das der junge
Eremit in felsiger Klause hütet.
Jene Stunde bracht' auch mir Erleuchtung.
Tränen linderten die Herzensschwere,
Niederkniend ins betaute Riedgras
Schlug ich meine Brust in Sündersweise.
»War's ein Traum, der mich verstrickt hielt?« sprach
ich,
»Diese Gottessonne könnt' ich hassen,
Schwarz sehn diese lichte Gotteswelt?
Aus dem Haupt entflieht's wie Morgennebel,
Von den Augen fällt's wie böse Schuppen,
Hell und sehend bin ich wie Tobias.
Sei gegrüßt mir, Tal, im Morgenlichte,
Grüner Berg und Silbersaum des Maines,
Altes, gutes, liebes Frankenland!«

Und zurück zur Klosterkirche schritt ich.

Jenen Abend führten mich die Brüder,
Den verlornen Sohn, zum Arboretum,
Daß ich dort beim Vespertrunk erzähle
Krankheit, Krisis, Heilung ... und der Abbas
Wittegowo reichte mir den Steinkrug
Und sprach lächelnd: »Trink ihn, Nicodeme,
Trink ihn aus; und will dich's wiedrum plagen,
Daß die Welt dir mißgeschaffen scheinet,
Nicodeme, dann gedenk der Mücken!
Fröhlich Herz bezwingt den größten Drachen,
Traurig Herz erliegt im Mückenkampfe ...
Nicodeme, ... trink den Steinkrug aus!«

Fahrende Leute.

Exodus cantorum.[36]

Bambergischer Domchorknaben Sängerfahrt.

> Unbesungen sint diu tal,
> da vil manik stimme erhal.

> Walter von Klingen.

I.

Nun treibt der Frühling Blatt an Blatt
Und füllt die Welt mit Wonnen,
Fahr wohl, Altbamberg, fromme Stadt,
Samt Mönchen und samt Nonnen:
Die Fiedel lockt, die, Flöte girrt,
Die Rohrschalmeien blasen,

---

[36] Wer von Streitberg am Eingang zum höhlenreichen Muggendorfer Tal als Wanderer auszieht, kann in drei bis vier Tagen die sämtlichen von dieser Sängerfahrt bestrichenen Orte erreichen. Die Landschaft dieser burgenreichen Engtäler des dolomitischen Juragebirges bietet einen Wechsel von lieblichen, wildphantastischen und unheimlichen Eindrücken, der sich dem Gedächtnis scharf einprägt. Gotthilf Schubert, der sinnige Pilger in das Morgenland, fühlte sich im Gebirg von Juda lebhaft an die Felsenwildnis bei Rabenstein erinnert. Vergl. Walter, topische Geographie von Bayern, Seite 197 ff.

Ueber das im Jahr 1349 ausgestorbene Geschlecht der Grafen von Schlüsselberg und ihre Besitzungen vergl. Falkenstein, nordgauische Altertümer II. 335.

Fahrt wohl, Herr Bischof, strenger Hirt,
Die Böcklein wollen grasen.[37]

Ob Vorchheim bei Kirchêrenbach
Woll'n wir zu Berge steigen.
Dort schwingt sich am Walpurgistag
Der Franken Maimarktreigen;
Der ist seit grauer Heidenzeit
Noch allem Landvolk teuer,
Schatzkind, halt Gürtel fest und Kleid,
Wir springen durch die Feuer!

Drauf schlendern wir talaufwärts hin,
Wo über Busch und Wiesen
Der Schlüsselberger Vesten kühn
Die Taleswindung schließen!
Mit Namen sind sie bös genannt,
Links droht der »Berg des Streites«,
Rechts brüstet auf der Felsenwand
Sich breit das »Eck des Neides«.

Am Streitberg ragt der Steinklotz schroff
Und weiß wie meerverwaschen,
Das Pilgerstüblein auf dem Hof
Weiß nichts von leeren Flaschen;
Noch blüht dem Talvogt Christian
Karfunkelrot die Nase,
Und Weihrauchdampf, der Burgkaplan,
Turniert mit ihm beim Glase.

Vor Neideck drüben wolln wir auch
Mit Schall die Fiedel streichen,

---

[37] Von Babenberk bischof Egebreht
den wil ich gerne gruezen,
er was an allen tugenden reht,
er kunde wol kumber buezen.

Der Tanhuser bei v. d. Hagen, Minnesänger II. 90.

Daß die am Tor nach Hofburgsbrauch
Den Spielmannspfennig reichen.
Frau Wulfhild mit der Sammethand
Erscheint im Veilchenkränzlein:
»Die Herren trabten weit ins Land,
Wohlauf, ein Schülertänzlein!«

II.

Zum schwindelhohen Adlerstein
Versuch' ich früh ein Klettern,
Schau' rundum ins Gebirg hinein
Und laß die Laute schmettern.
Frühnebel spielt, von Wind gefacht,
Um Felsen, grobgestaltig ..
O Hochland, wilde Hochlandpracht,
O Täler, grün und waldig!

Das Rabeneck hangt keck und fest
An finstrer Felsenrippe,
Als zieme solch Raubvogelnest
Zum Schmuck jedweder Klippe ..
Und eh' wir es nur recht besahn
Erhob ein Knapp' schon Händel,
Er lief uns mit dem Wolfspieß an
Und pfändete die Mäntel.

Am Klausensteiner Kirchlein stand
Der Klausner in Gedanken
Und sprach: »Hier schaut ihr in das Land
Der *Steine* und der *Franken.*
Der Wende dacht', es wäre sein,
Wir nahmen's ihm als Sieger:
Auf jedem Berg ein schroffer Stein,
Auf jedem Stein ein Krieger!«

Gottlob, bald war der stolze Bau
Zum Rabenstein ereilet,

Dank, dreimal Dank der hohen Frau,
Die allen Kummer heilet.
Dem Mäntelräuber sang ich Fluch,
Die Gute hört's im Hofe,
Und bracht' fünf Ellen lündisch Tuch
Als Gottestrost die Zofe.

Dank auch, auf Albuines Schloß
Dir, tapfrer Pottensteiner!
Du nahmst uns auf, an Güte groß,
Sangfroh wie unsereiner.
Wie schwand die Nacht beim Becherruck,
Wie dröhnten deine Hallen
Beim Jägerlied vom Guiguck
Und den drei Nachtigallen!

III.

Schmal wohnt im Burgstall Tycherfelds
Ein Burgmann sonder Tadel,
Ob seinem Haus zackt sich ein Fels
Schmalspitz wie eine Nadel,
Schmalhans pflegt auch des Haushalts sein,
Wir wolln ihn nicht besuchen,
Bis daß die Asbach fließt von Wein,
Sein Fels ein Zimmetkuchen.

Wer dich, o Goswinstein, erbaut,
Verbrauchte manch Pfund Heller...
Sigiza, alte Knappenbraut,
Führt uns zum steilen Söller!
Wer hoch dort ob dem Abgrund schwebt,
Dem liegt die Welt zu Füßen,
Und wer vor Runzeln nicht erbebt,
Darf die Sigiza küssen.

Dem Fels entsprudeln stark und kühl
Drei nah vereinte Quellen

Und tragen bei der Stempfelmühl'
Zur Wisunt ihre Wellen...
Wo Wiesent einst und Elch und Ur
Vreîslich[38] zur Tränke trabte,
Dort war's – gottlob doch einmal nur,
Daß Wasser uns erlabte.

Wisunt, Bergströmlein frisch und gut
In enger Taleswildnis,
Wie spiegelst du in klarer Flut
Der weißen Felswand Bildnis,
Strömst tiefgrün wie ein Alpensee,
Durchsichtig bis zum Grunde...
Forellen schnalzen in die Höh',
Gern prüft ich sie im Munde.

Doch seh' ich hoch im Ahornwald,
Burg Gailenreut, dich wieder,
Läuft mir ein Rieseln schauerkalt
Als Warnung durch die Glieder:
An Hand' und Füßen eingepflöckt
Im finstersten Verließe,
Lernt' ich, wie man die Beine streckt

IV.

Herr Eberhart von Wickersstein,
Wo sind denn Eure Hallen?
Sonst fiel euch selten etwas ein,
Jetzt?... Alles eingefallen!
Von Nürenberg Frau Ebenhoch[39] Hielt Tanz auf die-

---

[38] vreîslich = schrecklich. S. Nibel.-Lied 1656, 2

[39] Ebenhoch – ein auf Rädern beweglicher, den Mauern anschiebbarer, mit Fall-
brücke versehener, zur Aufnahme bewaffneter Wallersteiger eingerichteter
Belagerungsturm von Holz. Vergl. Parzival 206, 1 ff.

ir ebenhoehe unde ir mangen,

sem Rasen;
Der Burgvogt hat die Schlüssel noch,
Die Burg... ist weggeblasen.

Von Moggast geht's durch steinig Feld
hinüber nach Drameusel,
Dort steht versteckt am End' der Welt
Ein wohlummauert Häusel;
Nachts reiten Reiter ein und aus,
Weiß nicht, was sie erschnappen...
Krispinus ist Patron im Haus,
Der Stegreif blinkt im Wappen.

Am Turm von Aufseß grüßt uns dann
Die Rose aus blauem Schilde,
Ein schriftgelehrter Rittersmann
Hegt sie in ernster Milde.
In der Kapelle hat er sich
Schon Gruft und Sarg bestellet,
Doch zecht er noch frisch tugendlich,
Wenn er den Hirz gefället.

Wer gern im Kloster in sich geht,
Der darf zu Lankheim gasten,
Allwo der Pilgrim wohl besteht,
Und müßt er ewig fasten;
Der Cellerarius Adelhun
Füllt jedem gern sein Kännlein
Und spricht: »Ihr müßt nicht ängstlich tun,
Es beißt euch nicht, ihr Männlein.«

... Und schaut der Zeh zum Schuh heraus,
Und blüht der Lenz zu Ende,
So schleicht der Mensch bestäubt nach Haus
Durchs grüne Maingelände.
Doch – ob von langer Wanderschaft

---

swaz ûf redern kom gegangen.

Die Saiten all zersprungen:
Im nächsten Jahr, schenkt Gott die Kraft,
Wird wieder frisch gesungen!

Bruder Waghals.

Swer minne und wîplich grüezen
alsô enpfienc
daz si sich muosen scheiden,
swaz du dô riete în beiden
do ûf gienc
der morgensterne, wahtær, swîc, dâvon niht gerne sienc.

Wolfram v. Eschenbach.

Blitz und blau Feuer! ... des Feindes Stadt
Schau, schau, wie die sich verborstet hat
Und aufgeknault wie ein Igel!
Spießbürger umschreiten den Wall und das Tor,
Der Hochgerichtsgalgen ragt drohsam empor,
Schanzpfähle umrammen die Hügel.

Schau, schau, Freund Pfeffersack duldet nicht mehr,
Daß wir Männer von Reinhart Zerbrechekopfs Heer
Sein Wackenpflaster begehen!
Schlupfpförtlein du, an der Münsterpfalz:
Ich landfremdes Brüderlein Wagehals
Möcht' doch mir das Städtlein besehen...

Ein Pilgermantel, ein Muschelhut
Taugt zu viel löblichen Dingen gut,
Man fühlt sich so fromm drin und sicher...
... Jetzt, heiliger Reineke, spende mir Heil!
... ... hier bin ich... trag' Rosen von Jericho feil,
Betkränze und Bücher und Tücher.

Gebrustschutzt sitzen die Schöffen beim Wein,
Sie spinnen wohl Kriegsrat und spinnen ihn fein,

Wie sie mich fangen und henken,
Mich und manch andern von waglicher Sitt'!...
»Pax Dei vobiscum! Ihr Herren, ich bitt',
Wollt mir einen Zehrpfennig schenken!«

Der Stadtschultheiß, der kreisrunde Wicht,
Noch flammt ihm die Schmarre im Angesicht,
Die einst mein Flamberg gehauen;
Vor die Füße warf er den Silberling mir:
»Du fremd Wallbrüderlein, scher dich von hier,
Deinen Plunder weis' unsern Frauen!«

... Und als ich hoch oben im Zwingergang stund,
Ein lachendes Taubenpaar wurde mir kund,
Das girrte und gurrte beständig...
Und als mich, ich sage nicht wer, ersah,
Da rief's: »O wohl mir, daß endlich du nah,
Waghälslein, Frechliebster, ich kenn' dich!«

Den Mummschanz, den Mantel, das Hütlein – man
nahm's
Schmal schlupft' ich herfür im siglâtseidnen[40] Wams
In alten vielheimlichen Treuen...
Drauß' wachten die Burger mit grimmigem Schall,
Spätnächtig noch dröhnte ihr Rundgang vom Wall,
Sie schrien ihr »Werda?« wie Leuen.

... Im Sommer wenn's regnet, im Winter wenn's schneit,
Das Scheiden und Meiden schafft allemal Leid,
Sie weinte, derweil ich mußt' lachen:
»Schau, schau, die sorglich besperrete Stadt,
Wohl ihr, die solche Verteidiger hat,
Wenn andere schlafen, sie wachen!«

---

[40] Ciklat oder Siglât, ein orientalisches Wort, das einen kostbaren Seidenstoff mit eingewebtem Gold bezeichnet. Andere feine Zeuge waren der Baldekin, Blialt, Palmat, Rosat u. s. w. S. Weinhold, die deutschen Frauen. S. 424.

Und als ich entschleichend zum Wurzgärtlein kam,
Noch einmal bei Hand und bei Mund sie mich nahm,
Da bliesen die Türmer den Morgen.
Da stund ich am Graben... ein Sprung... hei gut Glück!
Frei schwing' ich mich über die Heide zurück;
Ihr Väter der Stadt: – Guten Morgen!

Irregang.

Irregang haiss ich
mang lant weiss ich,
min vatter Irrgang was genant
er gab mir das erb in min hant
ob ich in ainem lant verdürb
daz ich im andern niemer ze eren würb.

Liedersaal, Nr. CXXVII.

Die Berge schimmern weiß beschneit,
Eis deckt der Ströme Wogen;
Wer kommt im Faschingnarrenkleid
Mit Schall durchs Land gezogen?
Das ist der lange Irregang,
Zum Bergwerk will er zielen,
Der Knappschaft und den Grubenherrn
Zu einer Hochzeit spielen.

Die Braut trat vor den Spielmann hin:
»Noch einmal laß dich grüßen,
Noch einmal, eh' wir zur Kirche ziehn,
Den Singemund dir küssen!«
»Vergelt' dir's Gott,« sprach Irregang,
»Wie bist du fein geschniegelt!
Nun bleibt mein Mund dem Singesang
Für alle Zeit versiegelt!«

Der sechste Reigen war getan,
Den Kehraus wollten sie schwingen,

Da huben dem weidlichen Fiedelmann
Die Saiten an zu springen.
»Klipp, klapp, schabab!« sprach Irregang,
»Nun spann' ich keine andern,
Vergnügt euch am Schalmeienklang,
Ich muß noch weiter wandern!«

Die Braut und aller Jungfraun Schar
Geleiten ihn mit Leuchten,
Und als er am Scheidewege war,
Sein Auge wollt' sich feuchten.
»Der scharfe Wind,« sprach Irregang,
»Macht mir die Augen weinen,
Es ist um diesen Abschied nicht,
Daß sie betränt erscheinen!«

Und als er kam zum Stift am Bach,
Die Stiftsherrn winkten beim Becher:
»Es wettert jach! tu fein gemach!
Verkost unsern Sorgenbrecher!«
»Hei Mortnauwein!« sprach Irregang,
»Du heilst viel schwere Wunden,
Doch wem das Herz in Wermut schwimmt,
Dem mag kein Trunk mehr munden.«

Und als er kam zum Schloß am Berg,
Der Torwart rief vom Turme:
»Wohl her zur Burg! Dein Wanderwerk
Taugt nichts bei Nacht und Sturme!«
»Heil euerm Haus!« sprach Irregang,
»Dort spielt' ich in bessern Tagen,
Doch wenn die letzte Saite sprang,
Wird's schwierig, Laute zu schlagen.«

Und als er auf den Höhen stand,
Wild schnob des Windes Blasen,
Blies allen Schnee zuhauf im Land
Und deckte Joch und Straßen.
»Willkomm, Freund Schnee,« sprach Irregang,

»Herberg mich, kühler Geselle,
Die Stirne glüht mir heiß und bang,
Ich bin zur rechten Stelle!

Hier find' ich, wie ich nur wünschen mag,
Weichweißeste Linnen und Decken
Und Hochzeitschlaf!... bis zum jüngsten Tag
Soll mich kein Wächterhorn wecken!
Hei Irregangs letzter Irregang!
Was schauert ihr, Neidhartgesichter?
Er träumt, er halte die Braut im Arm,
Halai, wer löscht ihm die Lichter?«

Ich glaube, den Wandrer im Narrenkleid
Hat Schnee und Sturmnacht begraben;
Verschneit, verweht... verweht, verschneit!
Er wollt's nicht anders haben.
Du weidlicher Meister Irregang,
Sag an, wo bist du geblieben?
... Die Flocken fliegen in wirbelndem Drang,
Stäuben zusamm... und zerstieben...

Fahrender Schüler Psalterium.

Die fahrenden Schüler, welche in der vielseitigen geistigen Bewegung des XII. und XIII. Jahrhunderts eine scharfausgeprägte Richtung vertreten, nämlich eine auf klassischer Bildung ruhende, üppige Lebensheiterkeit und eine die Gebrechen der Berufsstände, besonders ihres eigenen, des geistlichen Standes scharf geißelnde Satire, haben in der inhaltsreichen Liederhandschrift der carmina burana (Publikationen des literarischen Vereins zu Stuttgart, Band XVI.) ein wichtiges Denkmal hinterlassen. Der Ernst und die Schalksnatur schreiten mit unbefangener Jugendfrische in der glücklich gewählten Verhüllung lateinischer Rhythmen einher.

Manche ihrer Schülerleistungen – besonders die Ergüsse des mit dem deutschen Reichskanzler Reinald von Dassel, Erzbischof von Köln (1156–67) nach Italien gezogenen Archipoëta Gualterus erheben sich zum Schwungvollsten, was je ein Meister jener Zeit hervorgebracht, und wer heutigentages sich an dem Lied mihi est propositum in taberna mori ergötzt, denkt dabei schwerlich daran, daß sich da-

mit im Jahr 1163 oder 1164 im hohenstaufischen Hauptquartier zu
Pavia ein leichtsinniger Schreibersmann seinem gestrengen geistli-
chen Gebieter entschuldigte, daß er bei dem süßen Wein und an-
dern Lockungen des Südens den Amtsgeschäften der Schreibstube
untreu geworden. Im Salzburgischen scheinen die Fahrenden unter
Erzbischof Eberhard II. (1200–1249) gute Zeiten gehabt zu haben; sie
ahmten in drolligen Schriftstücken den erzbischöflichen Kurialstil
nach und forderten durch verschiedenen Uebermut die Geistlich-
keit zu strengen Unterdrückungsmaßregeln heraus. Vergl. Giese-
brecht, über die Vaganten oder Goliarden und ihre Lieder, in der
Allgemeinen Monatschrift Januar und April 1853. – Büdinger, über
einige Reste der Vagantenpoesie in Oesterreich. Wien, 1854.

... vagi scholares per Salzburgensem
provinciam discurrentes...

Synode zu Salzburg.

Ad Thaliarchum.

Dies Lied sang einst Horacius,
Der Lehrer, wie man minnt und zecht,
Ein fahrender Scholasticus
Von Salzburg schuf es mundgerecht:

Vides ut alta stet nive candidum
Soracte; nec iam sustineant onus
silvae laborantes, geluque
flumina constiterint acuto?

Schau, wie von hoher Schneelast weiß
Der Wazmann steht, und wie der Wald
Sich seufzend biegt, und wie zu Eis
Die Salzach sich zusammenballt!

Dissolve frigus. Ligna super foco
large reponens, atque benignius
deprome quadrimum Sabina,
o Thaliarche, merum diota.

Hu hu, wie kalt! Heiz tapfer ein,
Hol aus dem Holzstall Scheit um Scheit,
Ein starkes Fäßlein Bozner Wein,
O Taldurchschnarcher, halt bereit.

Permitte Divis caetera. Qui simul
stravere ventos aequore fervido
deproeliantes, nec cupressi
nec veteres agitantur orni.

Das Weitre stell' in Gottes Hand.
Wo der gebeut, erschweigt das Meer,
Erschweigt der Sturm, und auf dem Land
Kracht keine alte Wirtsbank mehr.

Quid sit futurum cras, fuge quaerere;
quem sors dierum cunque dabit, lucro
appone, nec dulces amores
sperne puer, neque tu choreas.

Wer morgen zahlt, o frag mich nicht,
Nimm, was der Tag bringt, als Gewinn,
Dem Minnespiel entschlag dich nicht,
Und wo man tanzt, da geh du hin!

Donec virenti canities abest
morosa. Nunc et campus et areae
lenesque sub noctem susurri
composita repetantur hora.

Auch Abenteuer, jung, keck und frei,
Dort winkt der Nonnberg dir als Ziel!
Susurrend schleich zur Nachtzeit bei,
Wenn sich die Hora enden will.

Nunc et latentis proditor intimo
gratus puellae risus ab angulo,

pignusque dereptum lacertis
aut digito male pertinaci.

Und hörst du tief im Kreuzgang wo
Ein Nönnlein kichern, schnell schlupf' ein,
Erbeut ein Minnepfand dir froh,
Streif ihr den Ring vom Fingerlein.

Die Herberge am See

Salutemus, socii
nos qui sumus bibuli
tabernam sicco ore ..

Carmina Burana Nr. 180.

Dich feiern die freudigsten Lieder,
Taberne zum lachenden Hecht,
Sind auch deine Hallen nur nieder,
Und Fahrenden sind sie gerecht.

Hier trink' ich bekümmernisledig
Lenzlüfte und sonnigen Schein,
Und wär' ich der Fürst von Venedig,
Mir könnt' nicht wohliger sein.

Eine enge Dachkemenate
Herbergt mich als Dogenpalast,
Un eine bretterne Lade
Mein Hab' und Besitztum umfaßt.

Ein Bänklein im Schatten der Linde
Ist mein heiliger Markusplatz,
Dort spielen die Fischerkinde
Mit der scheckigen Klosterkatz'.

Mir lagert als Kreuzzugsgaleere
Ein Einbaum im Arsenal,

Den steur' ich in friedliche Meere
Als mein eigner Admiral.

Ein Schaumtrunk braunrötlichen Bieres
Erquickt mich statt kyprischem Wein ..
Wen lustet des Malvasieres,
Wo Malz und Hopfen noch rein?

So horst' ich, von Frühlingsgnaden
Ein glücklicher Meermann, allhier;
Hoch weht ob den weißen Gestaden
Der fahrenden Schüler Panier.

Nicht neid' ich der Welt ihre Wonnen,
Noch allen neunfarbigen Dunst:
Still liegen und einsam sich sonnen,
Ist auch eine tapfere Kunst.

Kahnfahrt.

Solis iubar nituit
nuncians in mundum
quod nobis emicuit
tempus laetabundum.

Carmina Burana Nr. 54

Heut wirft mich aus der Stube
Ein starker Sonnenschein,
Frischauf, mein Schifferbube,
Es muß gerudert sein.

Die Zither will ich holen,
Hol Stangen und Netz, Gesell,
So hat von uns jedweder
Sein Handwerkszeug zur Stell.

Die Wasserbahn steht offen,
Die Kampenwand glänzt blau
Und badet ihre Schroffen
In klarem Morgentau.

Und ob der Inselwaldung
Schaut weiß der Wendelstein
Als Jubelgreis im Eisbart
Ins farbige Bild hinein.

Kein Mensch kann das uns geben,
Die Minne selber nicht,
Das sonnenwarme Leben,
Das hier zur Seele spricht.

Laß unsern Kahn nur treiben!
Allum ist's fein und schön;
Hier ist vom Weltenbauherrn
Ein Meisterstück geschehn.

Hier prangen Gottes Wunder
In still beredter Pracht:
Fahr ab, verfluchter Plunder,
Der elend mich gemacht!

Dem aufgehenden Mond

Qui potare non potestis
ite procul ab his festis
non est locus hic modestis.

Carmina Burana Nr. 179.

Heute schwirren Schelmenlieder,
Niemand bleibt verschont:
Ja, woher denn du schon wieder,
Bleicher Pilgram Mond?

Kaum ist uns die Sonn' entschwunden
Im verschilften Rohr,
Reckst du schon am Bergwald drunten
Dein Gesicht empor.

Willst du deinen Treuen helfen?
Heia, strahl nur zu!
Schwärmern, Minnern, Füchsen, Wölfen,
Giltst als Sonne du!

Und wir brauchen Kraft zum Trinken
Und noch viel – viel Wein...
Laß dem Wirt als Zahlung blinken
Deinen Silberschein.

Füll der Nönnlein Zellen drüben
Mit sehnsücht'gem Glanz...
Melde: bei den Linden hüben
Tost der Ringeltanz!

Strebst du aber, uns zu tauchen
In geheimes Weh,
Mond, dann bist du nicht zu brauchen,
Lösch dein Licht und geh.

Geh mit deinem zarten Flittern
Nach der Seufzer Land...
Schwermutbleich im Knie zu zittern,
Sind wir nicht imstand.

Seebilder.

I.

Am Untersberg steigt Gewölk auf,
Die Staufen umziehen sich fahl,
Vom Ost gepeitscht, gichtschäumig
Jagen die Wellen zu Tal;

Graudunstig lagert ein Schleier
Um Himmel und Wasser und Land;
Der Fischer lupft hastig sein Netzwerk
Ins Boot und flüchtet zum Strand.

Sturmfinster ballt sich's zusammen
Und finstrer. Die Sonne erlischt.
Platzregen gießt. In die Seeflut
Zischt Blitzgefunk – und verzischt.

Vom Stiftsdach wirbelt's mit Schindeln
Dumpf knarrt am Kreuzgang das Tor..
Die Klosterfrauen psallieren
Im donnerumgrollten Chor.

II.

Und als das Wetter vertoset war,
Da wiegte der See sich wie blühend,
Da lachte der Himmel rosig klar,
Die Ferne färbte sich glühend.

Am Ufer blieben die Schiffer stehn,
Aus der Zelle lauschte die Nonne:
Noch niemals spielte im Tau so schön
Der Wundergluthauch der Sonne.

Bergelfen hatten ein Feierkleid
Gewebt um der Alpen Zinnen:
Der Hochgörn blinkend und frisch beschneit,
Wie ein Freier im Hochzeitslinnen,

Der Teisenberg, die Staufen auch
Getaucht in rotschimmernde Düfte,
Eisblau, durchsichtig wie ein Hauch,
Des Wazmann fernheimliche Klüfte.

Mit Worten läßt sich's erschildern nicht
Und nicht mit Farben ermalen:
Mich dünkt, so purpurgetempert und licht
Muß das heilige Land erstrahlen.

Drum sei, o Sturm, auch du gelobt;
Wenn deine Donner mir singen,
Sprech ich fortan: Nur zugetobt,
Die Welt braucht Tau, sich zu jüngen!

Winterdämmern.

Nebel tanzen auf den Wellen
Und im Duft entschwand das Land...
Heute will der Tag nicht hellen
Mondbleich losch der Sonne Brand.

Wie ein Spiegel, dran man hauchte,
Starrt die Flut umtrübt und fahl,
Und in gleiche Trübnis tauchte
Ferne, Strand und Mühlental.

Wilde Enten fliehn und fludern
Schwarmweis aus dem Schilfbereich...
Wohlgeordnet ist ihr Rudern,
Starken Schiffgeschwadern gleich.

In der uferlosen Weiten,
Silbergrauen Dämmerschein
Laß auch ich mein Fahrzeug gleiten,
Dämmrung hüllt mich selber ein.

Fische fangen, Vogelstellen,
Dichter sein... o Wind und Tand!
... Nebel tanzen auf den Wellen,
Und im Duft entschwand das Land!

Die Verfluchung.

... inveterati sectam suam non deserunt,
sic ut de eorum correctione nullus remaneat
locus spei.

Synode zu Salzburg.

I.

Der Archipräpositus Gumpo,
Auch kurzweg Archi genannt,
Saß schlummernd in schattiger Laube
Des Blumengärtleins am Strand.

»Gut Heil und Schlaf des Gerechten!«
So neckten wir ihn zum Verdruß.
»Gut Narrenspiel, Lotterpsalmisten!«
Verdankte er zürnend den Gruß.

Seither tobt Fehde in Worten.
Er donnert und wettert mit Bann;
Und wir vom fahrenden Orden
Lachen und singen ihn an.

II.

Der Archipräpositus Gumpo
War sehr beredt heut und rief:
»Euch, Menschheit, umflutet die Sünde,
Wie der See großmächtig und tief.

Glatt trügerisch lockt sie zum Bade,
Ihr folgt und versinket darin,
Bis *wir*, die Bootsmänner Gottes,
Aus grausigem Abgrund euch ziehn.

Doch kommen wir, mühsam euch rettend,
Gerudert zum sicheren Port:
Ihr macht's wie der Pudel am Lande,
Ihr schüttelt euch – und springt fort.«

III.

Der Archipräpositus Gumpo
Schalt schnaubend: »Das Maß wird voll!
Die durchblümte Kunst meiner Rede
Verhöhnen sie. Dies ist zu toll!

Daß ich Barbar im Latein sei,
Ha'n sie zu beweisen versucht.
Sie werden am nächsten Sonntag
Dafür lateinisch verflucht!«

... Wir Lotterpsalmisten schrieben
Das ganz Dictamen ihm nach:
Vernehmt, wie der Archi im Zorne
Die Sprache Ciceros sprach:

IV.

»Cito, cito, relinquatis
viam nigrae pravitis
leccatores vagabundi!
desperata pestis mundi!

leccator, wohl in keinem Wörterbuch klassischer Latinität anzu-
treffen, scheint Schmarotzer zu bedeuten.

Vergl. Archipoëta IV. 22: doleo cum video leccatores multos
penitus inutiles pentisque stultos,
nulla prorsus animi racione fultos
sericis et variis indumentis cultos.

Jakob Grimm in den Abhandlungen der Berliner Akademie uon
1843 »Gedichte des Mittelalters auf König Friedrich I. den Staufer,
aus seiner sowie der nächstfolgenden Zeit« S. 196. – Eine noch

gründlicher donnernde gereimte lateinische Strafpredigt ad vagos
samt deutscher Uebersetzung ist dem aus dem Beginn des XIII.
Jahrhunderts stammenden, dem Ingrimm des neu entstandenen
Predigerordens gegen die Regungen üppiger Lebensfröhlichkeit
Luft machenden »Buch der Rügen«, Kap. XIII zu entnehmen, wel-
ches von Karajan in Haupts Zeitschrift für deutsches Altertum Bd. II
herausgegeben und erläutert hat. Der Kulturhistoriker wird den
vielbescholtenen Leuten seinen Blick stets mit Teilnahme zuwen-
den. Ueber »die Fahrenden als die Vermittler zwischen Volkslied
und Kunstlied« vergl. Schneider, das musikalische Lied in ge-
schichtlicher Entwicklung. Leipzig 1863. Seite 193 ff.

Quorum sunt antiphoniae
tesserarum melodiae,
hos expectat Absolonis
sors, patibulum latronis!

Infernales citharistae,
veri Satanae psalmistae
jubet Deus; abeatis
ad sinistram cum damnatis.

Die Buße.

Peccans cottidie studeat mox se reparare

Carmina Burana VIII, 10.

Im Seegrund liegt begraben
Ein Heiliger von Stein,
Den stürzten böse Knaben
Vom Uferkirchenschrein.
Man tut so viele Scheltung,
Daß Unfugs wir nicht ruhn,
So wolln wir zur Vergeltung
Ein Sühnewerk heut tun.

Auf! fahrt mit Strick und Ketten
Zum klaren Grund hinab,

Daß wir den Steinmann retten
Aus fischumschnuppertem Grab...
Sô hôh!... er ist umschlungen!
Ein Ruck!... es packt ihn!... wohlauf,
Sô hôh! es ist uns gelungen,
Wir ziehen ihn heil herauf.

Schaut wie das Marmorgebilde
Emportaucht geisterhaft:
Sant Sixtus ist's, der milde,
Den wir zu Tag geschafft;
Die Rechte mit leisem Winke
Segnet Eiland und Flut,
Den Psalter hält seine Linke,
Drauf eine Traube ruht.

Noch bergen Schlamm und Versandung
Von Bart und Wangen ein Stück,
Auch blieb ein Saum der Gewandung
Samt Inful im Wasser zurück.
Wir waschen und fegen dich reine,
Sant Sixte, steinerner Abt,
Willkomm' nun im sonnigen Scheine,
Der lang dich nimmer gelabt.

Willkomm', und laß dich's nicht trüben,
Daß dir die Inful zerbrach;
Der Töpfer am Schilfgestad drüben
Formt neu von Tone sie nach.
Am Kellerportal vor den Fässern
Mauern wir sogleich dich ein...
Lagst allzulang unter den Wässern,
Steh fürder, ein Roland, beim Wein!

Als helflicher Trost und Erhalter
Schütz gnädig die Kellerei,
Die Traube auf deinem Psalter
Verkünde der Erzpropstei:
»Wer gottgefällig will leben,

Schließt zeitig die Bücher, wie wir,
Und labt sich am Goldgeist der Reben...
Das ist Sankt Sixtens Brevier!«

Reutti im Winkel.

Loca vitant publica quidam poetarum
et secretas eligunt sedes latebrarum.

Gualterus Archipioëta.

Heia! der Meerfahrt sind wir entronnen.
Nie mehr verlockt uns ein Kreuzzugspanier;
Reutti im Winkel ha'n wir gewonnen
Und der Wildkaiser bergeinsam Revier.

Weidender Herden Glöckleingebimmel
Läutet zum Einzug grüßend und mild,
Und wie ein Arm aus dem siebenten Himmel
Winkt uns des Unterwirt gastlicher Schild.

Schau die Frau Wirtin! Wie kommt sie gehüpfet,
Blitzend und glitzend in fremdem Geschmeid:
Schier wie ein Turban das Kopftuch geknüpfet,
Schier sarazenisch ihr Blick und ihr Kleid.

Hier schlagt das Lager nach fröhlichem Wandern!
Schwinget die Zither statt Lanze und Schwert!
Syrische Lorbeern gönnen wir andern,
Denen die Seele von Sünde beschwert.

Laßt mit Gesängen zu Felde uns liegen;
Heia, Frau Wirtin, wir künden euch Streit,
Das heidnische Kopftuch wöll'n wir bekriegen,
Das griechische Feuer, das unter ihm dräut.

In den Alpen.

Scyphos crebros repetunt in sede maiestatis
in qua iugum inops perdit suae paupertatis

  Carmina Burana Nr. 176.

Heia, das Schneegebirg ha'n wir erklommen,
Schau'n in der Täler vielfurchig Gewind ..
Schweben wie Adler, von Aether umschwommen,
Ueber den Wolken und über dem Wind.
Hier blitzt ein Städtlein und dort ein Gefilde,
Dort eines Stromes sich schlängelnder Lauf,
Dort auch ein See, wie ein Menschenaug' milde.
Aus der vernebelten Ferne herauf.

Flüchtig nur winkt es und flüchtig versinkt es
In das umflorende Dunstmeer zurück ..
So ist das Leben – sternschnuppig kaum blinkt es ...
So ist die Minne, die Hoffnung, das Glück.

Wir aber lagern am prasselnden Herde,
Wärmen den Leichnam und strecken ihn aus ..
Fragen nicht mehr nach der Erde Beschwerde,
Füllen mit Jubel das winzige Haus.

Hochlandluft zehret, doch Rebensaft nähret,
Heia, wer reicht mir das Trinkhorn geschwind?
... Dreifacher Durst ist dem Sänger bescheret
Ueber den Wolken und über dem Wind.

Einer aus Schwaben.

Laeticia silvestris.

> ..wünne und vogelsanc
> ist in Swâben, des ich waene..

> der schenk von Landegg.

Silvae nigrae corde toto
qui devinctus sum, aegroto
distans in exilio:
quondam falco perbeatus,
iam deterrime mutatus
tristis vespertilio.

Ubi stas, vetus sodalis
cuius vultus amicalis
hilarabat oculum?
scisne, quoties laetabundi
visebamus finem mundi
Blumenegg, florum angulum?

Cominus saltus proclives,
eminus alpinas nives
sol illustrat occidens;
subtus arva per fecunda
susurranti ruit unda
Wutach, aqua furiens.

Tunc per rupes prominentes
et convallia descentes
scisne, quo tetendimus?

septus hortis et pometis
portus adnuit quietis
Achdorf, pagus rusticus.

O dulcissimam tabernam
o rosaceum pincernam,
rusticas delicias!
vinum tilia sub frondosa
haurit filia graciosa
Marigutta - Springmitdemglas!

Irene imperatrix

(defuncta in castro Hohenstaufen et sepulta in
monnasterio Lorch A. D. 1208.)

Epitaphium.[41]

Rof 'âne dorn, ein tûbe sunder gallen.

Walter v. d. Vogelweide.

Nascituram Orientis
laurus quondam atque palmae
cum cypressis salutarunt;
morituram occidentis
ilices et quercus almae
commoerentes adumbrarunt:
nobilis Graiorum nata
en, quo dura trahunt fata
sepulturae requiem!

---

[41] Die wirklich gesetzte Grabschrift lautet:

Nobilis atque pia hic cineratur graeca Maria
Philippi regis coniux. hanc atria regis
fac intrare pia semita virgo Maria.

S. Vogt, die schwäbische Alb. S. 54.

nec solamine carebis.
iam cum angelis videbis
quem planxisti, coniugem.

Tristica amorosa

... und sag ir uz getrüwem mut
früntschaft, lieb und alles gut,
von wunsch ir dazu liebes mê
denn trophen hab der Bodemsê.

Liedersaal I, 96.

Sic liceret te amare
ad Suevorum magnum mare
sponsam te perducerem
stat nigerrimi basaltis
mons et arx, cuius sub altis
muris te reconderem.

Gloribundus citharoedus
gratum celebrarem foedus
cantans ut luscinia:
heia gaudium, tecum stare
in fenestris et monstrare
patriae confinia:

»Ecce pagum iuxta papum,
aurispledens, ingens, vagum
aequor, en, podamioum ...
fortes prope ripas nati
cognomento non irati
leporum lacustrium.«

Sed iam tace, cantilena;
desideria tam serena
clam fovisse satis est...
rudi doctam adorare,

doctae rudem educare
eheu! non in fatis est!

Dolor animam infestat,
desperanti nihil restat
nisi vanum somnium ...
O Viola byzantina,
have, stella peregrina,
dulcitudo omnium!

Von Liebe und Leben scheidend.

Periculosa res est desperatio.

Alter Spruch.

Nach des Waldwegs letztem Biegen
Schau ich festgebannt und starr,
Schau nach eines Schleiers Fliegen –
Schau umsonst... was schaut der Narr?!
Läutet, Glocken, dumpfen Schalles
Einem armen Mann zu Grab:
Hier war's, o mein Eins und Alles,
Wo ich dich verloren hab'!

Hier war's, wo du hoch vom Rosse
Einmal noch das Haupt gewandt,
Wo dein Aug', das dunkle, große,
Mir den letzten Blitz gesandt.
Mit unsichtbaren Gewalten
Zog es dich zu mir zurück,
Bis im Forst, im tannenalten,
Unfreiwillig losch dein Blick.

Nur wer sehnend in der Sonne
Untergehnde Gluten späht,
Kennt die schmerzensbittre Wonne,
Die aus solchem Blick erweht.

War dich finden, dich verlieren
Nicht wie kurzer Sonnenkuß?
Auch dein Scheiden glich dem ihren,
Denn sie scheidet, weil sie *muß*.

Könnt' ein Zauberfluch beschwören
Sehnender Verzweiflung Pein,
Hei! Du würdest wiederkehren,
Würdest mein sein, und ich dein!
Götterneid und fremde Lenkung
Reißt dich über Meer und Land,
Und mir bleibt, als letzte Schenkung,
Ach, ein Streif nur vom Gewand.

Eine Schleife, schwarz und dunkel
Wie der Traum, den ich geträumt,
Nur am Rande von Gefunkel
Goldner Fäden licht umsäumt.
Vorn zur Brust heft' ich die Litze,
Die mein Kettendolch umspielt...
Und schon fühl' ich, wie die Spitze
Züngelnd nach dem Herzen zielt.

Sei's drum! eh' die Nacht sich endet,
Ueberströmt mein Blut dies Lied...
Wer von dir sich scheidend wendet,
Längst von Licht und Leben schied.
Läutet, Glocken, dumpfen Schalles
Einem armen Mann zu Grab:
Hier war's: o mein Eins und Alles,
Wo ich dich verloren hab'!

Anastasios der Byzantiner.

Trauergesang

um die Eroberung Konstantinopels durch die lateinischen
Kreuzfahrer i.J. 1204.

Εἰ δὲ πεπόνθατε δεινὰ δι ὑμετέρην κακότητα,
  μή τι θεοῖς τούτων μοῖραν ἐπαμφέρετε
αὐτοὶ γὰρ τούτους ηὐξήσατε ῥύδια δόντες,
  καὶ διὰ ταῦτα κακὴν ἔσχετε δουλοσύνην.

Nicetae Choniatae urbs capta cap. 1.

Meine Seele steht in Sorgen,
Von der Heimat abgetrennt
Schaut sie klagend aus nach Morgen,
Nach dem teuren Orient.
Ach, mit jedem Tage bringt er
Neu uns Helios goldne Fahrt,
Neu mit jedem Tage zwingt er
Mir die Träne in den Bart.

Traure, stolze Meeresveste,
Marmorherrliches Byzanz,
Rauchgeschwärzt steht der Paläste,
Steht der Kirchen alter Glanz;
Bild und Kunst, geliebt von allen,
Sinkt gestürzt von wildem Troß;
In der Themis Säulenhallen
Schirrt des Franken Knecht sein Roß.

Edelstein von altem Schnitte,
Flötentönig Griechenwort,

Griechenschönheit, Griechensitte,
Fleuch den schwer entweihten Ort!
Ueber Hellas Epigonen
herrscht ein Volk barbarenhaft,
Das mit rohem Speck und Bohnen
Sich die feinste Mahlzeit schafft.

Anmerkung:

> ἐκωμαζόν τε καὶ ἠκρατίζοντο πανημέριοι, οἱ μὲν βρωμάτων
> μαγγανείαις προσκείμενοι, οἱ δὲ καὶ τὴν πάτριον ἐδωδὴν παρατι-
> θέμενοι ἐπιδείπνιον ἥντις ἦν νῶτοι βοείων κρεῶν διαχαλώμενοι
> λέβησι καὶ συῶν τεμάχη ταριχηρὰ κυάμοις ἀλητοῖς συνεψόμενα ...
>
> **Nicetae Chroniatae urbs capta cap. 5.**

Nun daß der Lateiner Flammen
Stadt und Staat und Reich zerstört,
Soll mein Sang auch die verdammen,
Die dem Unheil nicht gewehrt.
»Mene Tekel!« längst geschrieben
Stund's wie zu Belsazars Zeit,
Doch wir trieben mit Belieben
Altgewohnte Schlechtigkeit.

Vom Komnenkaiserthrone
Grinste Mord, Verrat und Trug
Und an Szepter und an Krone
Haftet's wie ein alter Fluch:
»Heut von Siegesglanz umflossen,
Diademgeschmückt das Haupt,
Morgen ins Exil gestoßen
Und des Augenlichts beraubt.«

Treu und Männertugend schwanden;
Wie der Herre, so der Knecht!
Kirchhofstill war's in den Landen,
Der Erfolg galt für das Recht;
Stummer Dienst war nur gelitten,
Freien Sinn schlug Haft und Bann,

Wer nicht Sklave, nicht verschnitten,
Galt nicht für den rechten Mann.

Priester, Gottes Wort zu künden,
Sahst du Tausende im Amt,
Keinen, der der Mächt'gen Sünden
Je mit einem Wink verdammt.
Zungendreschen, Backen blähen,
Fett auf fetten Pfründen ruhn,
Wort verdrehen, Zwietracht säen,
Ketzerspähen war ihr Tun,

Ihr auch, die mit Richterhänden
Der Gerechtigkeit gepflegt,
Ward in euren Pergamenten
Je ein Segenskeim gehegt?
Paragraphen, Kommentare
Habt zusammen ihr geflickt,
Bis das Recht, das ewig wahre,
In der Tinte lag erstickt.

Mit des Landes Wehr und Waffen
Wurden Söldner angetan,
Und zu Laffen und zu Affen
Wuchs der Hauptstadt Volk heran;
Dich, mein süßer Pöbel, mein' ich,
Der das Schrei'n so gut versteht,
Aber dem, was rauh und steinig,
Sorgsamst aus dem Wege geht.

Pflaster treten, zierlich schlendern,
Das war euer hoher Mut,
Ach! in seidenen Gewändern
Saß im Zirkus sich's so gut.
Habt auf weichen Lotterbetten
Euch fürs Vaterland geregt,
Traget denn die Eisenketten,
Drein des Franken Faust euch schlägt!

Was die Väter schon gesündigt,
An uns Enkeln ward's gerächt,
Alle waren wir verwindigt,
Alle angefault und schlecht.
Lindre, Meerwind, mir den Kummer,
Läutre mich, o Sonnenstrahl,
Denn auch ich bin eine Nummer
In der ungeheuren Zahl!

Gedenkreim.

als die vier ehernen Rosse des Lysippos nach Venedig
abgeführt wurden.

Der eine, braucht's, der andre hat's –
Um dessenwegen führt man Krieg.
Der Starke nimmt des Schwachen Platz,
Und Beute lohnt den Schlachtensieg.

Der eine braucht's, der andre hat's!
Und wem das Glück hold, der erficht's.
... Gott sorgt schon für den armen Spatz,
Sprach weiland Walter Habenichts.

Der eine braucht's, der andre hat's!
Fahr wohl, du goldnes Viergespann,
Byzanz verliert den teuren Schatz,
Weil ihn Venedig brauchen kann.

Magnus vom finstern Grunde.

I.

Verbuhlte Stadt, golddurstiger Menschenhaufen,
Es geht an euch, ihr Wächter, seht euch vor,
Ein hagrer Werwolf will durchs Gatter laufen,
Ich selber rat' euch: sperrt ihm Tür und Tor.

Wer kann, o Hochwald, deinen Hauch heut malen,
Dein saftig Grün, vom Morgentau umreift?
Frühsonne schießt durchs Dickicht ihre Strahlen,
Und golden blinkt der Zweig, den sie bestreift.

Weich wie auf Sammet gehn des Rosses Hufen,
Kaum stört ihr Tritt die heilige Einsamkeit,
Denn ruhig modert auf des Burgwegs Stufen
Der Blätter Schicht, wie Herbst auf Herbst sie streut.

Recht als ein Weidmann reit' ich auf die Reise,
Fest krallt sich um die Faust der Edelfalk,
Aufschnappend springt der Brack' ums Roß im Kreise,
Als Sattel dient ein weicher Otterbalg.

II.

Verbuhlte Stadt! Wie schmiegt sie Haupt und Glieder
Behaglich an den Berghang, in den Strom!
Nachdenksam starrt auf ihren Reiz hernieder
Sankt Martins säulumgürtet finstrer Dom.

Dach ragt an Dach. Spitzgieblig strebt nach oben
Der Landherrn Pfalz, das Rathaus, Zoll und Maut;
Die breitgewölbte Brücke ist zu loben,
Von deren Rand das Kirchlein flutwärts schaut.

Der Hafen wogt von Masten, Wimpeln, Fahnen,
Ein Schiffzug kommt, ein anderer hebt sich weg ...
Am Landeplätze stöhnt der dicke Krahnen
Und angelt Ball' um Ballen vom Verdeck,

Ja, wacker rührt sich's im Ameisenhaufen,
Wo Ordnung, sagt man, stark und sittig macht ...
Kein Schelten stört, kein Fechten und kein Raufen ...
Gewebert wird ... es ist die helle Pracht!

III.

Wer aber ist der wackerste der Wackern?
Wer, wie ein Kaufherr, ehrenreich und klug?
Die Bauernstiere läßt er ruhig ackern
Und erntet dreifach ohne Karst und Pflug.

Bis zum Magnetberg frachten seine Schiffe,
Wo Salz und Pfeffer wächst, ist ihm bekannt ...
Den weißen Falken spenden Thules Riffe,
Der fernste Ost Gewürz und Goldstaubsand.

Nicht jedes Herz braucht Trost im neuen Leide,
Doch jede Jahrszeit einen feinen Rock:
Sein ist die Zukunft – und der feinen Seide
Von Zazamank, von Lybia und Marokk![42]

Weh dem, der als altfränkisch Kind der Berge
Zu Tal verirrt aus stiller Waldesnacht.
Was tappt der Riese zu dem Volk der Zwerge?
... Man schaut sein zottig Fell ... man geht und lacht!

IV.

So kamst auch du an mir vorbeigegangen,
Unselig Weib – und wichest fremd beiseit,
Des Weidmanns schwerer Stiefel schuf ein Bangen
Dem golddurchwirkten schweren Pfauenkleid.[43]

---

[42] aller hande sîden und wîz so der snê
von Zazamanc dem lande.. Nibel.lied 370.

..von Marroch ûz dem lande und ouch von libyan die aller
besten sîden...Nibel.lied 372.

Vergl. Fr. 16. § 7. Dig. de publican. 39, 4. species pertinentes ad vectigal: ... purpura, item Marcorum lana, fucus, capilli Indici.

[43] »Eine pfauenartig schillernde Seide, Pfawin genannt, wurde besonders in England (London und Sincester) gefertigt. Sie war eine Nachahmung der Pfauenfedern, die nebst andern Vogelfedern schon zu Karls des Großen Zeit in der Lombardei von den jungen Stutzern auf Seidenzeug getragen wurden.« Weinhold, die deutschen Frauen. S. 424. Vergl. des Bruders Berthold von Regensburg Ereiferung: Juch genüeget nit daz iu der almethige got dir wal hât verlân an den cleidern, wellet ir brûn, wellent ir sie rôt, blâ, wiz, grüen, gel, swarz. Daran genüeget iuch niht. Und dar zuo twinget iuch iuwer grôze hôhfahrt. Man muoz es iu zuo flecken zersniden, hie daz rôte in daz wize, dâ daz gelwe in daz grüene; sô das gewunden, sô daz gestreichet; sô daz gikelvêh, so daz witschen brûn;

O fürchte nicht, ich komm' dich heimzusuchen,
Ein alter Freund in schrundig altem Wams:
Spar den Claret, den Rest der Pfingstfestkuchen
Für die Gevatterinnen deines Stamms.

O fürcht auch nicht, ich komme auszuspüren,
Wo man den Maibaum pflanz' in nächtiger Stund ...
Und nicht, ich flüstre lockend von Entführen,
Wie einst Waltari zu schön Hildegund.

Bei Gottes Rock! Das brächt' uns wenig Segen.
Mein Turm ist eng und arm an Stiegenraum ...
Du würdest nur den Staub zusammenfegen
Mit deines Schleppkleids ungeheurem Saum.

V.

Und doch komm' ich um deinethalb geschlichen.
In Marktgeschäften lieb' ich Ordnung sehr,
Und eine Rechnung steht noch unbeglichen
Vom Sunnwendabend vor fünf Jahren her.

Ein duftend Brieflein, von dir selbst geschrieben,
Rief mich noch spät zur Reigenlust am Markt
Aus ferner Burg. Mein Roß flog spornzerrieben,
Mit Kranz und Tanzkleid wurde nicht gekargt.

Das Pferdlein Sperber, das mich trug zum Feste,
Sank schnaubend um und war zu Tod gehetzt,
Von Kranz und Tanzkleid blieben mir nur Reste,
Der Sprung durchs Feuer schuf sie brandverletzt.

---

sô hie den löwen, dort den arn; sô mit pfaewin hüeten, sô mit hûben, so mit
gürteln. Und alsô ist sin alsô vil, daz sin nieman zue ende kommen mag, daz ir
durch hôhfahrt erdenket. Hiute erdenket ir einz, morgen erdenket ir ein anderz.
Alse ie einre einen iteniuwen fund vindet, den müezen sie danne alle versuo-
chen.

Wackernagel, Altdeutsches Lesebuch, I. 667.

Du kennst das Roß und kennst den weißen Mantel,
Für die ich den Ersatz zu heischen hab' ...
Du warst ein Kaufweib und verstehst den Handel:
Das Schuldbuch auf! ... Freund Magnus rechnet ab.

VI.

Schön warst du, als von deiner Hand entzündet
Das Sunnwendfeuer aus den Scheitern schlug,
Als Paar an Paar zum Fackeltanz verbündet
Dir nachschritt. Doch – dein Spiel war Lug und Trug,

Posaunen schallten. Glutgerötet schwebtest
An meiner Seite du, voran dem Zug,[44]   Dein Busen
rang, als ob du wonnig bebtest.
Daß ich erschien. – Dein Spiel war Lug und Trug.

Du botst, als wir Sant Hansen Minne tranken,
Froh *mir* zuerst, dann unwirsch ihm den Krug,
Und schon stand felsenfest und sonder Schwanken
Wahl und Entscheid! – Dein Spiel war Lug und Trug.

Dein Mund hieß mich den Einz'gen, Süßen, Teuern,
Als schon die Stirn' des andern Goldreif trug ...

---

[44] »Am Johannisabende wurde allenthalben lustig über die Sonnenwendefeuer
gesprungen, und dabei mußte Met sein ... In frühern Zeiten nahm auch die feine
Welt an diesen Freudefeuern teil, Fürsten und Könige. Zu Augsburg zündete
1497 in Kaiser Maximilians Gegenwart die schöne Susanne Neithard das Johan-
nisfeuer mit einer Fackel an und machte dann zuerst den Reigen um die Flamme
an Philipps Hand, In einer Münchner Urkunde von 1401 wird berechnet: »umb
gras und knechten, die by pänk ab dem haus auf den margt trugen an der sun-
bentnacht, da herzog Stephan und sein gemachel und das frawel auf dem margt
tanzten mit den purgerinen bei dem sunbent fewr.« Im Jahr 1578 ließ der Herzog
von Liegnitz Johannisabends ein Freudenfeuer auf dem Kynast halten, wobei er
selbst mit seinem Hof zugegen war.«

J. Grimm, deutsche Mythologie I 586.

Nu brauchtest *mich, sein* Fischblut anzufeuern ...
Unselig Weib, dein Spiel war Lug und Trug.

VII.

Mit diesem Liedlein ward ich dann entlassen,
Es macht dem Schelmen, der's ersonnen, Ehr' ...
Die Kaufmannsdiener sangen's auf den Gassen
Und die Gevatterinnen lachten sehr;

Denn jener hatte, als der Töne besten,
Dazu das Schwegelpfeiferstück gezeigt,
Mit dem man mächtig hohen Herrn und Gästen
Vom Festgelag' des Rats – nach Hause geigt.

Das Lied geht also:

>»Zeuch ab, mein schlanker Magnus,
>Dein Mäntelein reicht nicht hin,
>Wir brauchen Samt und Scharlach,
>Gebrämt mit Hermelin.
>
>Zeuch ab, mein schlanker Magnus,
>Dein Wämslein ist zu eng.
>Wir brauchen Gugelzipfen
>Mit Glöcklein und Gespäng.
>
>Zeuch ab, mein schlanker Magnus,
>Dein Täschlein ist zu leer ...
>Wir brauchen's von Byzantern
>Und Lilientalern schwer.
>
>Zeuch ab, mein schlanker Magnus,
>Und schweig von deiner Kunst!
>Wir haben dich gewogen ...
>Was wiegt eine Handvoll Dunst?«

VIII.

Daß anmutsprüheud du mich so betörtest.
War *meine* Schuld. Niemanden klag' ich an.
Doch daß du allen Glauben mir zerstörtest
An dein Geschlecht – das war nicht wohlgetan!

Andächt'ge Ehrfurcht ward verkehrt zum frechen
Verächtlich leichten Spiel um leichte Gunst ...
Ich lernte schwören und die Schwüre brechen
Und Räubersart für fromme Ritterkunst.

Wenn kaum der Wächter Taglied von den Warten
Aus trautem Arm zu frühem Urlaub zwang,
Sann ich bereits: welch anderm Blumengarten
Werd' ich zuschleichen, wenn der Tag verklang?

Und ruhig wink' ich, wenn in Weh und Sehnen
Sich nächtige Schatten meinem Lager nahn ...
Nicht mir, nicht mir des Vorwurfs stumme Tränen!
Sucht eine andere! ... Sie hat nicht wohlgetan!

IX.

Auch *ihn* sah ich in seiner Vettern Mitte,
Den Haupthahn, der zur Henne dich gewann ...
Zur Wechslersburse lenkte er die Schritte,
Tief neigte sich das Volk dem großen Mann.

Ein feiner Hahn! wie stattlich ist sein Gehen,
Wie streitbar und des Sporns am Fuß bewußt!
Wie schwillt sein Kamm, wie weiß er sich zu blähen.
Wie wirft er sich mit Haltung in die Brust!

Ein feiner Hahn! ... auch seiner Augen Drehen
Verrat den Starken in der Schwachen Kreis ...
Er schwieg ... sonst wüßt' ich, ob er auch kann krähen ...
Vielleicht, daß man im Stadtrat dieses weiß.

O bleib ihm süß ... Versag ihm keine Bitte!
Gewährung lohnt sich. Zeigst du dich nicht hart,
Teilt gnädig er mit dir nach Hahnensitte
Das Weizenkorn, das er dem Mist entscharrt.

X.

Doch nicht mehr lang! ... Schon spähet ungeduldig
Zum Stundenglas ein stiller Gast und spricht:
»Der Sand läuft ab. Bezahlt, was ihr mir schuldig!
Es jährt sich vieles, doch verjährt es nicht!

Vernahmt ihr nie ein unterirdisch Pochen?
In Maulwurfsweise ging mein Tagewerk:
Die Wächter in der Vorstadt sind bestochen,
Ihr Tor bleibt auf ... Verrat umwühlt den Berg.

Wer mich nicht kannte, lernt mich heut noch kennen,
... Der Jagdwams fällt, in Stahl starrt Mann und Roß,
Ein Landgewalt'ger will den Platz berennen.
Ich bin sein Dienstmann und sein Kampfgenoß!

Schon birgt der Riedwald fünfzig scharfe Lanzen,
Zweihundert stehn am Flinßbach fehdestolz ...
Und bläst man drin am Markt zum Abendtanzen:
Waffen und Weh! dann rumpelt's aus dem Holz!«

XI.

Ein feines Liedlein wobt ihr mir zur Lehre,
Ein sackzwilchgrobes webt man euch als Lohn;
Die Worte schuf der edle Morungaere,
Von Kesselpauken lieh er sich den Ton.

Wir Eisenreiter singen's ab den Rossen
Und mehren ihm mit Schildgeklirr den Schall ...

Zur Schmerzanschreiung wird ins Horn gestoßen,
Der Häuser Einsturz kracht als Widerhall.

Das Lied geht also:

>>Auf zu einer Reise,
Wünschet, daß ich wohl gefahr!
Ich fahr' in grimmer Weise,
Lande will ich brennen gar.
Einer Frauen Reiche,
Was ich des bestreiche,
Muß verderbt sein und verlorn ...
Ungelöschet flammt mein Zorn.

Helfet singen alle,
Meine Freund', und setzt ihr zu
Mit gleich wildem Schalle,
Bis sie Reu' und Leid uns tu!
Schreiet, daß ein Schmerze
Ihr durch Ohr und Herze
Schneidig bis ans Leben geh'.
Allzulang tut sie mir weh.<<

Ich will varn eine reise:
wünschet, daz ich wol gevar;
da wirt manic weise.
diu lant will ich brennen gar.
Mîner vrouwen rîche
swaz ich des bestrîche
daz mouz alles werden verlorn,
si enwede mînen zorn

Helfet singen alle
mîne friunt und zieht ir zuo
mit (gemeinem) schalle
daz si mir genâde tuo.
Schrîet, daz mîn smerze
mîner frouwen herze
breche und in ir oren gê:
si tout mir ze lange wê.

Herr Heinrich von Mohrungen.

Vergl v. d. Hagen, Minnesinger I, 131. IV, 122 und M. Haupt, des Minnesangs Frühling,. S. 145 und 278.

XII.

Jetzt Wafenâ! das Tor ist uns erschlossen,
Gelobet sei'st du, heiliger Täufer Hans!
Ein Strom von Helmen kommt hereingeflossen,
Das Nest ist unser! freche List gewann's.

Noch will die Stadtwehr ehrenhalb sich wehren,
Schabab, ihr schönen Barte! Habt wohl acht!
's wird scharf pungiert! Ihr mögt den Leib nicht nähren
...
Morungens Rachelied wird wahr gemacht.

Zum Marktplatz saust der Hufschlag unserer Pferde,
Verglommen liegt der Sunnwendscheiterhauf',
Das Fest zerstob, Blut zischt auf heißer Erde.
Als neue Flamme loht das Rathaus auf.

Sturmglocke heult. Rauch wirbelt in die Runde,
Ein Glutenmeer umwogt die nächtige Tat ...
Der hagre Magnus aus dem finstern Grunde
hielt Sunnwendjahrtag in der Kaufherrnstadt!

Heinrich von Ofterdingen.

Vom Nebel der Sage umwallt und verhüllt steht Heinrich von Ofterdingens Gestalt in der Ferne der Zeiten. Das Gedicht vom Wartburgkrieg zeichnet ihn als Kämpen Oesterreichs und schlagfertigen Gegner Wolframs von Eschenbach; die Literaturgeschichte frägt nach den Werken, welche berechtigen, ihn dem Dichter des Parzival als ebenbürtigen Wettstreiter gegenüber zu stellen. Nur die nicht unanmutige Dichtung vom König Luarin und seinem Rosengarten in den Tiroler Bergen meldet am Schlusse:

Heinrich von Ofterdingen
dieses maere getihtet hât
daz sú sus meisterlichen stât.

Zweifelt man auch diese Nachricht an, so fehlt jede Möglichkeit, ihn anders als einen verschollenen mythischen Namen aufzufassen. Gibt man sie als glaubwürdig zu, so eröffnet sich durch die Nebel ein Blick auf den festen Punkt, von welchem die epische Erzählung im König Luarin ausgeht, und wohin sie zurückkehrt, auf Steyer und die schöne, von des passauischen Bischofs Pilgrim Blutsverwandten, dem Traungaugrafen Ottokar um 980 erbaute Stiraburg, dem durch Lage und Sage gepriesenen Stammsitz der Markgrafen des fröhlichen Steyerlandes, deren letzter, Ottokar VIII., von der unheilbaren Krankheit Elephantiasis gequält und kinderlos 1186 in feierlichem Vertrag von Enns Land und Mannen an den ihm gesippten und befreundeten Herzog Leopold VI. von Oesterreich übergab und 1192 starb.

Urkunden des Klosters Wilhering kennen zwischen Donau und Traun ein Dorf Oftherigon und, von Mitte des XII. Jahrhunderts an, ein ritterliches Geschlecht, de Oftehringen. Von den Burgenbesitzern in dem Gebiet des alten Traungau stunden die meisten als Lehensleute des Bistums Passau und Stände des sog. Abteilandes in Beziehungen sowohl zum bischöflichen Hofe in Passau als zum markgräflichen in Steyer. Oftherigon liegt am Abhang des Waldgebirges Kürenberg, welches unweit Kloster Wilhering zur Donau sich senkt. Auf der Burg Kürenberg saßen die Ritter Kürenberg, die, wie sie örtlich Nachbarn der Oftheringer waren, so in den Zeugenreihen der Wilheringer Urkunden in deren Nähe ihre Stelle einnehmen. (Adelramus de Oftheringen ... Gualtherus de Cürnberg 1161.)

Als Liederdichter von tüchtigem Schrot und Korn eröffnet der Kürenberger den Reigen der Minnesänger. Kürenbergs Weise aber, die aus vier Langzeilen eigentümlich gebildete Strophe, ist die Strophe des Nibelungenliedes, und die Forschungen von A. Holzmann (Untersuchungen über das Nibelungenlied, Stuttgart 1854) sowie von F. Pfeiffer (Der Dichter des Nibelungenliedes; ein Vortrag. Wien 1862) führen auf die durch andere Indizien unterstützte Vermutung, daß jener alte lyrische Dichter auch dem großen deutschen Epos nicht fremd sei. Mannigfache Lücken der Beweisführung ermöglichen noch immer kein sicheres Verdikt in diesen Fragen, vor deren Abschluß es zweckmäßig sein wird, die Zeit des Bischofs Pilgrim von Passau, das Verhältnis der in Bayern und der Ostmark zur Herrschaft gekommenen fränkischen Grafengeschlechter zur rheinisch-fränkischen Stammsage, sowie die lateinische Dichtung der Geistlichkeit des 10. Jahrhunderts schärfer ins Aug' zu fassen.

Zugegeben nun, daß die Übertragung eines auf Geheiß des Bischofs Piligrim durch seinen Schreiber Konrad lateinisch gedichteten Werkes in die deutsche Nibelungenstrophe mit dem Kürenberger zusammenhängen kann, so möge dem Schreiber dieser Blätter, der die Hoffnung nicht hegt, mit exakter Forschung alle Rätsel der Vergangenheit lösen zu können, gestattet sein, auch des Kürenbergers Nachbar, den von Ofterdingen, dessen dichterische Beteiligung an der deutschen Heldensage durch den König Luarin beglaubigt wird, sich in Beziehung zum Nibelungenlied zu denken und seine dichterische Persönlichkeit als einen kunstbegabten, in einheimischer Tanzreigenführung, Liederlust und epischen Weisen wohlgeschulten Sohn seiner traungauischen Heimat aufzufassen, der auf den Lehrbänken der Passauer Geistlichkeit Kunde des Lateins und der lateinischen Dichtungen des Ottonischen Zeitalters, am erlöschenden Hofe der Ottokare ritterliche Sitte gewonnen und den Luarin gedichtet, nach des Markgrafen Tode sich zu Leopold von Oesterreich, von diesem nach der Wartburg gewendet, dort mit den Verehrern formalen französischen Wesens und der unerquicklichen welschen Artusromane in tiefgehenden Zwiespalt geriet, – dann, zur Heimat zurückgedrängt, in großer, läuternder Arbeit, unter Anregung oder Mitwirkung des Kürenbergers, oder in dessen geistige Erbschaft eintretend, das Nibelungenlied der lateinischen Hülle des 10. Jahrhunderts entkleidete, um als letzten versöhnenden Abschied des Sängerkrieges dem Thüringer Landgrafen das vaterländische Epos in vaterländischer Gestalt überreichen zu können.

Soweit auch A. von Spaun (Heinrich von Ofterdingen und das Nibelungenlied, Linz 1840) an den wissenschaftlich erreichbaren Zeilen vorüberstreift, so liegt seinen Ansichten doch ein gewisser feinfühliger Zug zugrunde ... aber, wie gesagt, die Nebel wallen über den berühmten Dichter ohne Lied und das berühmte Lied ohne Dichter noch immer unzerteilt hin und her.

Abschied von der Stiraburg.

...ze Stiure, den burge guot

Kunech Luarin, v. 1235.

Lang hat die Heimat mich erfreut,
Jetzt gehn die Wege anders,
Zum letzten Male grüß' ich heut
Die Stadt des weißen Panthers;[45] Wer wie die Lerche
singen will
Und wie die Lerche fliegen,
Darf sich nicht wohlgenährt und still
Versitzen und vorliegen.

Fahr wohl, die Hort und Nest mir war,
Du gute Burg von Steier,
Gott schenk' dir noch manch lustsam Jahr,
Tanz, Schall und Rosenfeier,
Fahr wohl, duftsüßer Lindengang[46] Zur Gastner Klos-

---

[45] In horum insignibus panthera alba in campo, ut vocant, viridi splendebat, ore ac aurius ignem evomens. Wolf. Lazii de gent. migrat. p. 223.

Der weiße Panther im grünen Feld ist noch heute über dem Stadttor von Steyer als Wappentier wahrzunehmen. Einen »pantel, von zoble uf sinen schild geslagen,« trägt im Parzival 101, 7 Gahmuretens Vater – ein Panther war auch im Wappen der Herzoge von Kärnthen lavanthalischen Geschlechts und der Grafen von Bilstein. Vergl. Cäsar, Staats- und Kirchengeschichte des Herzogtums Steiermark. III. 61-69.

[46] zuo der linde breit
wâ der Kunech Luarin
ê do stâl daz magedîn

terpforte,
Wo ich in erstem Singedrang
Den Vöglein stahl die Worte.

Fahr wohl, schneeblanke Alpenpracht,
Umblitzt vom Abendstrahle!
Frischrauschend drängt die Enns mit Macht
Den Flutenschwall zu Tale,
Und Well' um Welle raunt mir zu:
»Auf, flieh mit uns ins Weite,
Der Tapfre kennt nicht Rast noch Ruh,
Und Kraft wächst nur im Streite.«

Nun will mein Schritt sich frei und frank
Zu fremden Freunden kehren;
Ich hab' gedient, mir ward mein Dank,
Mein Abschied steht in Ehren;
Und wie mit treuem Murmeltier
Singknaben sich belasten,
Trag' ich mein hungrig Glück mit mir,
Es sitzt im Fiedelkasten.

Jetzt gilt es, Hand und Kopf gerührt
Und zeitig auf die Beine,
Den Gürtel fest und knapp geschnürt,
Der Schnabel fern vom Weine!
Die Zukunft dämmert ungewiß,
Ich fahr' auf neuen Straßen ...
Der Strom und Wellen wandern hieß,
Der wird mich nicht verlassen.

Junge Minne

ein burc an Ungermarke stât,
Püten noch den Namen hat,

Luarin 2818.

dâ wuohs von kinde diu meit
von der ich hie hân geseit.

Die klage v. 2372.

Schaust du verträumt vom Turme nieder,
Du hochlandwilde scheue Maid,
In knapp geschnürtem Purpurmieder
Und keuscher Herzensherrlichkeit:
So denk' ich einer Alpenrose,
Die knospend auf der Klippe steht,
Unsorgsam, ob bei Stein und Moose
Ein Menschenauge sie erspäht.

In abgrundtiefer Felsenklause
Bricht donnernd sich der Bergstrom Raum
Und füllt die Schluchten mit Gebrause
Und seines Falls zerstiebtem Schaum ..
Sie aber freut ihr weltfern Blühen,
Der Wellen Gaukelspiel und Tanz
Und, wenn die Nebel sonnig sprühen,
Des Regenbogens Funkelglanz.

Seeabendrot.

Ist das nicht ein kläglich Wesen,
Daß ein minnedienend Paar
Hierlands nimmer mag genesen
Von der Laurer Unholdschar?
Kaum noch schiel' ich nach dem Erker,
Kaum noch spiel' ich, daß es schallt,
Weil an jedem Tor ein Merker,
In jedem Spalt ein Hinterhalt.

Freundin, komm mit mir und flüchte,
Denn ich weiß ein traulich Nest,
Wo solch raunendes Gezüchte
Unversperrt die Wege läßt:

Heimlich birgt der Seebucht Ecke
Ein Gebäu von festem Fug,
Wie geschaffen zum Verstecke
Zweier, die sich selbst genug.

Stolzer Buchen lichte Wipfel
Rauschen flüsternd ob der Flut,
Drin verschneiter Alpengipfel
Abgespiegelt Bildnis ruht.
Und es stört des Kosens Wonne
Keiner Nachbarzunge Zisch,
Unser Tun schaut nur die Sonne,
Unser Wort hört nur der Fisch.

Dorthin bring ich Roß und Waffen,
Laute, Hausrat, Hab und Gut ...
Hei des Glücks, ein Glück zu schaffen
Nur durch sich und eignen Mut!
Arbeit darf dem Tag nicht mangeln,
Als ein Fischer fahr' ich aus,
Karpf' und Alant faht mein Angeln,
Hechte sorgt mein Garn ins Haus,

Noch zur Vesperzeit erschimmern
Wolken, ganz in Gold getaucht,
Und der See im Widerflimmern
Wogt von gleicher Glut behaucht.
Dann wohlauf ... die Feierstunde
Naht und schweigsam trägt das Boot
Uns in weltentrücktem Bunde
Durch des Schilfs Seeabendrot.

Der Papegân.

Das war Anmut sonder Ende,
War auf goldnem Grund ein Bild,
Als du durch dein Rebgelände
Niederstiegst zum Talgefild!

Rechts und links und ob dem Haupte
Wölbte sich im Uebrrschwang
herbstgoldbraun der dichtbelaubte
Traubenschwere Rebenhang.

Auf dem Handschuh deiner Rechten
Sah dein Psittich eingeklemmt.
Spielte mit den Lockenflechten,
Mit des Busens Faltenhemd.

Und den Schäker süß zu nähren,
Pflücktest du ein Traubenpaar,
Reichtest ihm die blauen Beeren
In der hohlen Linken dar.

Buschig sträubt' er sein Gefieder,
Denn so wohl war ihm noch nie,
Bog den Schnabel hackend nieder,
Rief auf welsch: Merzi, m'amye!

Und in eifersücht'gem Neide
Hub mein Herz zu seufzen an:
»Hei der süßen Schnabelweide...
Wär' auch ich ein Papegân!

Fräße gern dir, zahm wie jener,
Gute Speise aus der Hand,
Zauste gern dir, zahm wie jener,
Lockenschwall und Miederband,

Trüge gern am Fuß wie jener
Deiner Fesseln leicht Gewicht...
Alles tät' ich dir wie jener...
Nur Franzoisisch spräch' ich nicht!«

Christnacht.

Daß ich nach langer Trennung Leid
Die Gute durfte schauen,
Das war in weihnachtheil'ger Zeit
Vor Tagesgrauen.
Da rief der erste Hahnenkrât
Die Schläfer aus den Betten,
Mit Lichtlein schlichen aus der Stadt
Die Frau'n zur Metten.
Als wie Knecht Ruprechts Mummgestalt
Kam sie vom Berg zum Dom gewallt,
In Pelzwerk Stirn und Ohren
Verloren.

Die Pfaffheit sung mit Orgelschall:
»Dem Herrn sei Preis und Minne,
Und Fried' im Tal den Menschen all
Von gutem Sinne.«
Da hat ihr freies Haupt der Wucht
Der Hüllen sich entwunden,
Da hat ihr Auge meins gesucht
Und auch gefunden.
Ein langer vielberedter Blick
Erzählte stumm ein ganz Geschick
Von freudlos öden Tagen
Und Plagen.

Da ward mir vieles offenbar,
Als ob's gepredigt wäre,
Da wich vom Herzen ganz und gar
Mißmut und Schwere.
Da war ich wie ein selig Kind,
Das sich der Weihnacht freuet,
Die goldner Nüsse Angebind'
Und Aepfel streuet.
Knecht Ruprecht hat sich wohl bewährt,
Er hat mir einen Blick beschert

Aus weiblichem Gemüte
Voll Güte.

Als man den Benedîz getan,
Da tönten alle Glocken,
Da hub ein Winden und Schneien an
Mit dichten Flocken;
Sie ging im Nebel, wie sie kam,
Doch war der Nacht kein Ende,
Der Schneesturm schier den Mantel nahm
Und das Gebände.
Pfadleuchtend schritt die Dienerin
Voraus. Wie Schattenspiel erschien
Der Burglaterne Funkeln
Im Dunkeln.

Und als ein schweres Morgenrot
Die Wolken glühend säumte,
Noch stund ich, wie von Freuden tot,
Und fror und träumte.
Von hundert Tritten war die Spur
Im Weg zu Eis verdichtet,
Ich hielt auf einen, einen nur
Das Aug' gerichtet.
Fahr hin zu Berg, nachtwandelnd Glück,
Im Schnee blieb fest dein Fuß zurück,
Wohl mir, ich weiß die Fährten
Der Werten!

Tanzlieder.

47

---

47 Die Gestaltung neuer Tanzreigen in der anmutigen Verbindung von Gesang,
Musik, mimisch bewegten Gruppen und meist auch gut gewählter landschaftli-
cher Umrahmung zu einem lebenden Bilde der lebensvollsten Art gehörte zu
den dankbaren Aufgaben, die ein zwangloser Fröhlichkeit nicht entwachsenes
Geschlecht seinen Sängern stellte, und wurde in mannigfachster Art zu lösen
versucht. Von dem langsam und wohlbemessen dahin wandelnden Schreittanze,
bei welchem die Tänzer kaum die Fingerspitzen ihrer Damen berührten, bis zu

den ausgelassenen »Hoppaldei und Troialdei«, die in üppigen Sprüngen ihren Höhepunkt erreichten, eröffnete sich begabten Erfindern, die wo möglich die gevierfachte Eigenschaft des Dichters, Komponisten, Vorsängers und Vortänzers in ihrer Person zu vereinigen hatten, ein weites Gebiet, das auch in allen Abstufungen von feiner Sitte bis zu wilder Tollheit von den einzelnen nach Maßgabe der Anforderungen, die sie an sich und Und ihre Kunst zu stellen vermochten, ausgebeutet wurde:

Der Grundton der uralten volkstümlichen Maifeier und ihrer ewig neu im Menschenherzen aufknospenden Lust klingt durch die zahlreichen Frühlingsreigen durch; trotz geistlicher Ereiferungen wider der Choraula betäubende Wirbel tanzte die ländliche Bevölkerung im Freien, wenn der erste »Viol« gefunden war, und so lange Heide und Anger in Freuden stand, bis daß das Laub sich falbte. Auch die höfischen Gesellschaftskreise ließen sich zu Tanz und Spiel aus den Sälen in die umfriedeten Baumgärten und Lindengänge verlocken, wo der bemessene Schleifschritt der feierlichen Umgänge zuweilen mit minder sanftem Tempo vertauscht worden sein mag. Die Motive der Tanzlieder waren mit glücklichem Takt meist so gewählt, daß sie gleichzeitig ein musikalisch und ein plastisch darstellbares Element enthielten, Thüringen und Oesterreich werden als Hauptpflegestätten der Reigenlust namhaft gemacht. Von ersterem Volksstamm meldet ein Gedenkreim fahrender Schüler: hospitat invitus vagos sed honeste chorizat und Wolfram von Eschenbach gedenkt, vielleicht in spöttelndem Ton, der neuen Tänze, deren in seiner Zeit viele von dort kamen:

do vrâgte mir hêr Gawân
um guote videlaere,
op der dâ keiner waere.
dâ was werder knappen vil
wol gelêrt ûf seitspiel
irn keines kunst was doch sô ganz
sine müesten strichen alten tanz:
niwer tänze was dâ wenc vernomm
der uns von Düringenvil ist kômm.

Parzival 639, 6ff.

Die Schilderung, die er von dem älteren Tanze entwirft

och mohte man dû schouwen
ie zwischen zwein frouwen
einen claren rîter gên u.s.w.

weist auf einen jener feierlichen Umgänge, bei denen jede Ausgelassenheit streng verpönt war. Ein bemerkenswertes Abbild eines solchen im Kostüm des XIV. Jahrhunderts ist erhalten in den Fresken des Schlosses Runkelstein (herausgegeben von Zingerle und Seelos) Tab. XX.: die unter Krone voranschreitende Reigenkönigin führt an der Rechten den ihr nicht zur Seite, sondern nachschreitenden, in knappem Aermelwams und Schnabelschuhen erscheinenden Tänzer, der seinerseits wieder die Rechte der nach ihm folgenden Dame zurückreicht. So bilden sämtliche Paare eine handverschlungene Kette und ziehen mit sänftlichen Schritten, von Saitenspiel geleitet, nicht ohne gekünstelte, den steifgeflochtenen Haarzöpfen der Tänzerinnen entsprechende Haltung, im Umgang durch einen Baumgarten. Ein eigentümlicher schärpenartiger Gürtel, weit genug, zwei Personen zu umfassen, den die Herren lose umgehangen tragen, mag für andere Figuren und Schlingungen dieses Tanzes Bedeutung gehabt haben.

Mit ausgeprägter Freude an gröblichem bäurischem Durcheinander, aber mit überraschender Kunst sind die österreichischen Tanzweisen komponiert. Der Tannhuser und jener unerschöpfliche Virtuose, dem wie Licht und Luft auch ein fester, oft mit scharfen Hieben endigender dörperlicher »Stampf« zu einer Lebensnotwendigkeit zählte, Nithart von Reuenthal, haben deren eine Fülle hinterlassen. Der nicht nur von seinen Sängern, sondern auch von seinem Volk gepriesene Herzog Leopold VII. von Oesterreich ging mit fröhlichem Beispiel voran, und als er im Jahre 1230 starb, klagten die Wiener, wie Jansen Enenkel im Fürstenbuch berichtet, daß sie den besten Vorsänger im Chor, zugleich aber auch den besten Stifter des Frühlings- und Herbstreigens an ihm verloren:

wer singet uns nu vor
zu Wiene uf dem kôr
als der vil dikke hat getân
der vil tugentrîche mann!
wer stift uns nu den reien
in dem herbst und in den maien?

Ueber Art und Figur der neuen im Parzival erwähnten thüringischen Tänze sind wir nicht berichtet. Die Vermutung liegt aber nicht allzufern, daß vielleicht die jugendliche Landgräfin Sophia, als bayerische Fürstentochter den Tanzweisen des Osterlandes nicht ungünstig gestimmt, an Heinrich von Ofterdingen einen Reigenführer – praecursor pflegte man solchen zu nennen – gefunden hatte, der in neuen Kompositionen ländlich fröhlichen Ton durchzuführen verstand, ohne damit seiner und der Gesellschaft Würde etwas zu vergeben. Die auf solchem Gebiet bei der Frauenwelt errungenen Erfolge mögen dazu beigetragen haben, den begünstigten Sänger und Reigenleitmann seinen Sanggenossen am Hofe zu verfeinden, und wir erhalten durch diese Anschauungsweise, die schon Uhland (Walter von der Vogelweide, ein altdeutscher Dichter S. 99) angedeutet hat, den Schlüssel zu des formstrengeren Walter eifersüchtigem Klagelied wider die »Frau Unfuge«, die mit ihren ungefügen Tönen das hovelische Singen zu verdrängen droht:

der unfuoge swîgen hieze,

1. Frühlingsreigen.

Schon färbt der Rain sich bunter,
Schon will ein lauer Föhn
Von Kirschbaum und Holunder
Den Blütenschnee verwehn;
O Mai, du machst mich munter,
Auf neue Fahrt zu gehn,
Denn Zeichen sind und Wunder
Am Spielgerät geschehn.

Die Fiedel hub im Schreine
Getös' und Schwanken an,
Als wär's von jungem Weine
Den Saiten angetan...
So dörperlich unfeine
Stieß mich der Bogen dann,
Daß ich vom Elfenbeine
Ein blaues Mal gewann.

Und wie ich in der Ecken
Mich nach dem Leitstab neig',
Ergrünt am dürren Stecken
Ein junggesproßter Zweig;
Der flüstert, mich zu necken:

---

waz man noch von frôiden sunge,
und sie abe den bürgen stieze
daz si dâ die frôn iht twunge!
wurden ir die grôzen hoeve benomen
daz waer allez nâch dem willen mîn.
bien gebûren lieze ich sie wol sin:
dannen ists och her bekomen

Ueber die Tänze des deutschen Mittelalters vergl. Weinhold, die deutschen
Frauen S. 369 u. ff. Czerwinski, Geschichte der Tanzkunst, Leipzig 1862. Kap. V.
Ueber die Musikbegleitung v. d. Hagen, Minnesinger IV, 765 und Schneider, das
musikalische Lied S. 202 u. ff.

»Verschlafne Lerche, steig,
Laß dich vom Frühling wecken,
Die Welt will tanzen – geig!«

Nun kreist durch alle Glieder
Lenzzauber hüpfend um,
Im süßen Duft von Flieder
Schwimmt mein Verstand sich dumm:
Steig auf, umtäub mich wieder,
Tanzwirbliges Gesumm!
Maikäfer und Mailieder
Schwirren im Haupt herum.

Nun toset, frohe Scharen,
Im Reigenwettlauf hin!
Die Jugend muß sich paaren,
Das schafft der Welt Gewinn.
So alt ich selbst an Jahren
Und Minnearbeit bin,
Mit Rosen in den Haaren
Küss' ich die Nachbarin!

2. Dörpertanzreigen.

(zu Ehren Heinrichs von Osterdingen gedichtet).

»Ich versihe mich niuwer maere,
Uns kommt der Stiuraere!«

Kunech Luarin v. 80.

Den Finken des Waldes die Nachtigall ruft:
»Von Geigenstrich schallt es goldrein durch die Luft,
Ihr Zwitscher, ihr Schreier, nun spart den Diskant,
Der Heini von Steier ist wieder im Land!«

Flickschuster im Gaden schwingt's Käpplein und
spricht:

»Der Himmel in Gnaden vergißt unser nicht,
Sohlleder wird teuer, Bundschuh platzt am Rand,
Der Heini von Steier ist wieder im Land.«

Schon schwirren zur Linde, berückt und entzückt,
Die lieblichen Kinde, mit Kränzen geschmückt:
»Wo säumen die Freier? Manch Herz steht in Brand...
Der Heini von Steier ist wieder im Land.«

Und wer schürzt mit Schmunzeln den Rock sich zum
Sprung?
Großmutter in Runzeln, auch sie wird heut jung ...
Sie stelzt wie ein Reiher dürrbeinig im Sand ...
Der Heini von Steier ist wieder im Land!

Der Hirt läßt die Herde, der Wirt läßt den Krug,
Der Knecht läßt die Pferde, der Bauer den Pflug;
Der Vogt und der Meier kommt scheltend gerannt
»Der Heini von Steier ist wieder im Land!«

Der aber hebt schweigend die Fiedel zur Brust ...
halb brütend, halb geigend – des Volks unbewußt,
Leis knisternd strömt Feuer um Saiten und Hand ...
Der Heini von Steier ist wieder im Land!

... Im Gärtlein der Nonnen auf blumiger Höh'
Lehnt eine am Bronnen und weint in den Klee:
»O Gürtel und Schleier ... o schwarzes Gewand ..
Der Heini von Steier ist wieder im Land!«

3. Herbstreigen.

1.

Wohlauf, ihr zieren Frauen,
Laßt euch noch einmal schauen
In schmuckem Convenanz!
Brecht euch die letzten Rosen

Und krönt mit Herbstzeitlosen
Der seidnen Locken Kranz.
Herbei, ihr Flinken, Schnellen,
Paart euch den Tanzgesellen,
Der Umzug hebt sich an:
Tamburer und Floitierer,
Harfner und Trombonierer
Ziehn uns mit Schall voran.
Merkt wohl, wie ich mich spreite,
Und schreitet, wie ich schreite,
In stolzer Kranichsart:
Den Reigenleitstab schwing' ich,
Und wer nicht folgt, den zwing' ich
Mit einem Kuß zur Fahrt.

2.

Zerzaust von rauhem Winde
Steht unsre alte Linde,
Im Wipfel fahl und kahl:
Wir wollen sonder Grämen
Mit Tanz den Abschied nehmen
Von ihr und von dem Tal.
Viel dürres Laub in Haufen
Muß unser Fuß durchlaufen
Und waten mitten drin.
Wen es nun freut, der rüttelt
Laubstreu empor und schüttelt
Sie auf die Nachbarin!...
Das knistert, rauscht und knattert,
Nun ruft, dieweil es flattert:
»Gefluchet sei dir, Herbst,
Der du die Wonne wendest
Und unsern Anger schändest
Und allen Wald entfärbst!«

3.

Heiei, was für ein Schwirren
Und Durcheinanderirren
In minnewildem Spiel!
Ich fürcht', ihr süßen Kinde,
Ihr tut heut um die Linde
Des Guten schier zu viel.
Schon seh' ich zweie springen
Und miteinander ringen,
Als gält' es ernsten Strauß:
Die zierliche Jeschute

Im neuen Zindelhute
Schaut wie ein Waldlwib aus,
Herr Walter mit Hiltgunden,
Tief in der Streu verschwunden.
Wer schaufelt sie hervor?
Wer tröstet Marviljûsen,
Daß sich in ihren Busen
So manch dürr Blatt verlor?

4.

Verschnaubet nun, ihr Schönen;
Den dürren Herbst zu höhnen,
Ist frischer Jugend Recht.
Könnt' er in Knospen prangen,
Nie trügen wir Verlangen
Nach solchem Streugefecht,
Nun sei genug des Springens,
Laubschüttens, Glöckleinklingens,
Der Reigen hat vertobt;
Schnürt Gürtelschmuck und Mieder
Gerad' und folgt mir wieder,
Daß uns die Mutter lobt.
Und fühlt sie euch mit Bangen
Die glühheiß roten Wangen
Und fragt: »Was Feind schuf das?«

So sprecht: »Frau Mutter, eia,
Das schuf der Hoppeldeia
Im dürren Laub und Gras!«

5.

Du aber, Tanzgenosse,
Kehrst heut nicht heim zum Schlosse,
Der Herbst biegt uns ein Bein.
Mit Kännlein und mit Kannen
Heischt itzt zum Kampf die Mannen
Sein Sohn, der neue Wein.
Er soll die Wahlstatt räumen,
Ihm werd' für Braus und Schäumen
Ein Grab in kühlem Grund!
Hervor denn aus dem Fasse,
Herr Most, daß euch die Gasse
Durch unsre Kehlen kund!
Wir jubeln krügelüpfend,
Bis daß die Seele hüpfend
Auf einer Rippe steht...
Bis Sonne, Mond und Erde
Auf unsres Reigens Fährte
Sich dreht – und untergeht.[48]

---

[48] Vergl. des Herrn Steinmar sehr eß- und trinklustiges Herbstlied, Str. 5:

Wirt, durch mich ein strâze gât:
dar ûf schafe uns allen rat
manger hande spîse.
wînes der wol tribe ein rat
hoeret ûf der strâze pfat.
minen slunt ich prîse.
mich würget niht ein grôziu gans so ich s' slinde.
herbest, trûtgeselle min, noch nim mich z'ingesinde
min sêle ûf eime rippe stât,
wâfen! diu von dem wîne drûf gehûppet hât!

Bei v. d. Hagen, Minnesinger II. 154.

Danklied.

(Mit einem neuen Winterkleid beschenkt, das eigentlich
dem tugendhaften Schreiber bestimmt war.)

> Heinrich von Ofterdingen
> dieses maere getihtet hât
> daz sú sus meisterlichen stât.
> des waren ime die fúrsten holt
> Sie gaben im silber unde golt
> do zuo pfenning und riche wât.
>
> Kunech Luarin v. 2921.

Das Streifen durch die Lande – fahr hin, du alte Wât,
Macht streifig die Gewande und mürb an Saum und
Naht;
Sie schwinden hin und siechen, ihr Siechtum heißt Fa-
denschein,
Wir müßten uns verkriechen, hülf' Milde nicht vor
Pein.

Dank sei den edeln Händen – fahr hin, du alte Wât,
Die uns erratend spenden, um was der Mund nicht bat.
Herbströcklein, dünn und schmächtig, wie wohl bist du
vertauscht!
Samtschwer und faltenprächtig ein Mantel mich heut
umrauscht.

Wohl sah im Geist ein andrer – fahr hin, du alte Wât,
Sich schon darin als Wandrer bestaunt von Burg und
Stadt...
Doch Kunst ging über Schreiben, *mein* ist das Winter-
kleid!
Er mag mit Händereiben sich wärmen, wenn es schneit!

Des Schreibers Antwortspott.

.ich tugendhafter schrîber trit im
zuo mit kampfes gir.

Wartburgkrieg Str. 3.

Heinrich von Ofterdingen – o weh, mein Winterkleid!
Posaunt von großen Dingen und tut sie keinerzeit.
An Dietrich von Berne, an wormsischer Heldenkraft
Erwürb' mit Sang er gerne die Krone der Meisterschaft.

Schon hub er an zu dichten – o weh, mein Winterkleid,
»Nun lasset euch berichten den allergrößten Streit.«
Dabei ist's dann verblieben, der Faden riß ihm ab ..
Acht Wörtlein stehn geschrieben, mehr nicht, was sich
begab.

Herbstnebel hüllt die Berge – o weh, mein Winterkleid!
Wie spreizt Laurin der Zwerge sich prahlig und voll
Neid!
Die Recken schnarchen im Grabe: O Zeit, wie währst
du lang.
O wunderträger Knabe, wann endlich weckt uns dein
Sang?

Rügelie

wider Wolfram von Eschenbach und die übereifrigen
Nachahmer französischer Art und Dichtung.

Dieses Gedicht versucht die Stimmung anzudeuten, welche einen
deutscher Sitte und Sage zugewandten Sänger erfassen mußte,
wenn er mit Genossen zusammentraf, die geblendet von der Fran-
zosen epischer Kunst und Ritterlichkeit ihrer eigenen Kraft in nach-
ahmender Hingabe an jene vergaßen.

Es ist wohl denkbar, daß dem äußeren Gegensatz, in welchen das
Gedicht vom Wartburgkrieg Heinrich von Ofterdingen zu den an-
dern stellt, dieser künstlerisch tiefer einschneidende Zwiespalt zu-
grunde lag. Angenommen, daß er den Luarin gedichtet und daß

ihm, ohne schon zu vollendeter Gestaltung gekommen zu sein, große Motive der heimischen Heldensage als künftige Gegenstände epischer Bearbeitung vorschwebten, so mochte ihm schwül und dumpf werden in einem Kreise, der aus Chrestien von Troies importierten Stoffen Nahrung sog und mit dessen Gestalten (Qualogrenant und Key im »romans dou chevalier au lyon« Lanzelot und Meljanz im »romans del chevalier de la charrete«, Parzival in den »Contes del craal«) vertrauter war, als mit den ehrwürdigen, aber vom Rost des Altertums nicht befreiten und in der Pflege der fahrenden Sänger nicht zur Höhe des Kunstepos gediehenen der einheimischen Sagenkreise. – Zur Erklärung der dem Munde parisisch Gebildeter des XIII. Jahrhunderts ironisch entnommenen Fremdwörter folgt deren Uebersetzung: blanc mangier (blamensier) ein zittrig seines Gericht von Reis, Mandelmilch, gehackter Hühnerbrust, in Schmalz gesotten und mit gestoßen Violen und Zucker zugerichtet. Vergl. das Rezept im Buch »von guter spise« (Stuttgart, Liter. Verein Bd. IX.) Nr. 3. – pitît punt die vielgenannte, von den Pariser Scholaren täglich überschrittene, mit Krambuden bedeckte Brücke, welche die Insel mit dem linken Seineufer, der sog. Université, verband. Namentlich erwähnt in Willehalm 389, 6 und als Verfertigungsort teurer Waffenkleider (ze Parîs uf pitît punt wart tecke und wâpenroc bereit) in Hirzelins Gedicht von der Göllheimer Schlacht. Vergl. Springer, Paris im XIII. Jahrhundert. Leipz. 1856. Seite 15. – Schapel, chapelet, quasi parva capa qua caput tegitur, festliche Kopfbedeckung, bei Jungfrauen ein aus Filigranarbeit gestaltetes, mit Perlen und edeln Steinen besetztes Krönlein. S. Weinhold, die deutschen Frauen im M. S. 462.

Isotens Künste:

la duze Isot, la bele
si sang ir pasturele,
ir rotruwange und ir rundate,
schanzune, refloit und folate,
wol unde wohl unde al ze wol.

Tristan 8038. - Pastourelle und retrowange. Ridewanz, ländlich hövische Tanzweisen, vergl. Wackernagel, altfranzös. Lieder S. 183. – Tiraden, die Form in der die französ. Epen gedichtet sind, lange Reihe zehnsilbiger gleichreimiger oder gleichassonierender Verszeilen, dem Genius des deutschen Reims und Strophenbaus von kaum erträglicher Monotonie. – Massenie, Genossenschaft.

Wâ nu griezwarten? Kampf ist kommen!

Wartburgkrieg Str. 4.

Ihr habt den Fahrenden wohl aufgenommen,
Bedankt sei jeder, der es treu gemeint;
Lang war ich eurem Sängerbund willkommen,
Und unsre Zithern klangen oft vereint.
Mein leiblich Teil fand Rast und reiche Pflege,
Manch mildes Auge winkt: verweil dich hier!
Doch eure Wege sind nicht meine Wege,
Und eine Kluft gähnt zwischen euch und mir.

Denn unverrückt in allem Tun und Lassen
Steht euer Aug' der Fremde zugekehrt,
Hofzucht und Kleid, der Rede Ernst und Spassen
Muß sein wie dort, sonst bleibt es ungeehrt.
Ei, strenge Richter, schmeckt das Muß drum reiner,
Wenn blanc mangier es nennt der Köche Mund?
Und kleidet euch der Wappenrock drum feiner,
Wenn ihn ein Schneider steppt am Pitît Punt?

Nach der Franzoiser Art den Schnabel wetzen
Muß, wer bei Frauen Minnepreis bejagt;
Nur dann wird huldvoll Lächeln ihn ergötzen,
Wenn er »ma doulce, ma bele amie« sagt.
Und gilt's, im Reigen schreiten und sich drehen,
Er trüg' umsonst die Schapel und den Kranz,
Würd' er Isotens Künste nicht verstehen,
Die Pastourele und den Ridewanz!

Zielt dann ein Wunsch nach neuen Heldenmären:
»Auf, Singer, schnell Herrn Crestiens Buch zur Hand,
Wir freu'n uns nicht an Recken lobebaeren,
Wenn sie nicht fernher aus Kukumberland,
Qualogrenanz soll sieglos Lanzen brechen,
Hofspott geschehn von Key, dem Seneschal,
Meljanz Herrn Lanzelot vom Karren stechen,
Nach Montsalvatsch irrfahren Parzival!«

Weh meinem Ohr! Wo die Tiraden schwirren,
Nimmt unsereiner ungern Aufenthalt,
Oft glaub' ich selbst verzaubert umzuirren,
Und fragt ihr mich: Ist das der Thüringwald?
Sind das der Wartburg liedgerühmte Zinnen,
Wo deutscher Sang gen Himmel schmettern soll?
So sprech ich: Nein! die Tafelrund haust drinnen,
Die Burg ist welsch, ihr Name – Karidol.

Mich aber friert im Wald von Breziliande,
Bei König Artus' kühler Massenie;
Ich bin ein Mann aus freudigem Osterlande,
Wo meine Wiege stund, vergeß ich nie,
Ihr mögt mich grob und dörperlich drum schelten ..
.. Nicht jeder kann ein Leu sein, spricht der Bär.
Singt, wie ihr mögt, Mannheit britunischer Helden,
Und singt vom Gral .. mir gilt nur deutsche Mär!

Der Ahnen Geister steigen aus den Grüften,
Ein rauh Geschlecht, erprobt im Grenzmarkstreit;
Noch rauscht ihr Schlachtruf mächtig in den Lüften,
Den Enkel mahnend alter Tapferkeit.
Ehrwürdig Bergland, wann seh' ich dich wieder
Und meiner Steieralpen heiligen Schnee?
Dort oder nie find' ich die großen Lieder,
hier schweigt mein Mund ... das Singen schafft ihm
Weh.

Nach dem ersten Sängerstreit.

Nicht wie ein Reh bin ich vor euch geflüchtet,
Gleich einem Keuler hielt ich kampflich stand,
Brust wider Brust, das Haupt gradaus gerichtet,
Daß ihr das Weiße wohl im Aug erkannt.
Schwül war der Tag. Wutschäumig eingebissen
Am *einen* Wild die ganze Meute hing,
Doch spürte mancher unsanft umgerissen,
Daß voll ich rückgab, was ich voll empfing.

Spart nur den Lärm! Die Hetzjagd ist geendet,
Mit Knurren weich' ich seitab in das Holz,
Den Leib von euren Bissen bös zerschändet
Und angeschossen von manch spitzem Bolz.
Wohl wär' ich schnöd zum Land hinausgezwungen,
Gält' grobe Scheltung je als sein Gedicht ..
Ein einz'ger wider sechs hab' ich gerungen ..
Frohlockt des Siegs! Mich grämt mein Unsieg nicht.

Ihr habt mich nicht gefällt, nur fortgetrieben,
Aus leichten Schrammen nur verströmt mein Blut;
Wem Leben, Zorn und Kunst noch frisch geblieben,
Der rächt den Schimpf und rauft mit neuem Mut.
Drum wollt den Tag nicht vor dem Abend loben,
Bald bin ich wieder auf dem Plan zu schau'n ..
Bald sollt, ihr Herrn, nicht ohne Leid erprobe»,
Wie frisch gewetzte Eberzähne hau'n!

Am Traunsee.

»min mout heim ze lande gêrt.«

Kunech Luarin v. 1840.

I.

Endlich, endlich, milder Friede,
Kehrst du wieder in mir ein –
Grimmer Schmerz löst sich im Liede,
In dem Wind entschwebt die Pein.
Bleicht und schwindet, wüste Träume,
Steig zu Grabe, Wahnsinnsnacht:
Ferne blaue Alpensäume
Mahnen, daß ein Tag noch lacht.

Und ich schau' des Sees Spiegel,
Seiner Wogen grünen Schwall,
Seine tannendunkeln Hügel,

Seiner Alpen Mauerwall.
Hochlandschneeluft weht hernieder
Kühlend auf der Seele Glut,
Und gleich Möwen kreisen Lieder
Neubeschwingt hier um die Flut.

Wie verklärt strahlt mir entgegen
Gottes Welt, wie groß, wie weit!
Steirisch Meer, ich fühl' den Segen
Deiner keuschen Herrlichkeit.
Was gequält mich und gekränket,
Was des Denkens Folter war,
Tief zum Seegrund sei's gesenket,
Sei vergessen immerdar!

Dieses Friedens heilig Wehen
Schafft mich zum versöhnten Mann ..
Euch selbst möcht' ich wiedersehen,
Die so schnöd an mir getan:
Walter, Reinmar auch den Reinen,
Wolframs düster Angesicht ...
.. Alle – alle – nur den einen
Tugendhaften Schreiber nicht!

II.

Schweigsam treibt mein morscher Einbaum,
Klar und ruhig wogt der See,
Purpurwarme Abendschatten
Färben der Gebirge Schnee.

Eines Eilands Klosterhallen
Dämmern aus der Flut empor,
Münsterglocken hör ich schallen
Und der Schwestern frommer Chor:

Sempiterni fons amoris
Consolatrix tristium,

pia mater salvatoris
have, virgo virginum!

Summend, singend, rein verklingend,
Süß ersterbend kommt der Ton,
Luft und Welle führen schwingend
Seinen letzten Hauch davon.

Und die Rechte senkt das Ruder,
Im Gebet erschweigt das Herz,
Und mir ist, als trügen Engel
Eine Seele himmelwärts.

Daheim

O daß ich nie um deine Gunst geworben,
Frau Aventiure, spröde Unholdin!
Nicht wär' ich allen Freuden abgestorben
Und nicht der Ritter Unstern, der ich bin ..
Sterblichgeborner Töchter lohnen Treue
Mit Gruß und Kuß und voller Seligkeit,
Doch du? ... Jedweder Tag lehrt mich aufs neue:
Verfahrner Leute Fahrtgewinn heißt Leid;

Der Lande viel hab' ich um dich durchritten,
Hab' manchem Meer im Sturm mich anvertraut,
Manch kühnem Feind sein Stahlringwams durchschnit-
ten,
Manch fremdes Schwert mit eignem Blut betaut ..
Doch gabst du Balsam je für meine Wunden?
Gewann ich je ein ander Gold zum Dank,
Als was mein Aug' in klaren Abendstunden
Am Himmel schaute, wenn die Sonne sank?

Wie Frau Maglore von der schwarzen Klippe,
Von der das Lied der Fey Morgane spricht,[49] Erfreust

---

[49] dame Maglore, von der compaignie der »frouwe Morgane de la rosche bïse«,
S. Grimm, deutsche Mythologie S. 384. Morgue la sage im Ywein v. 2951. Mor-

du die Getreuen deiner Sippe
Mit kahlem Haupt, mit Narbenweh und Gicht ..
Und reitet einer heim auf seine Veste
Und wähnt, er ruh' fahrtmüde Knochen aus:
Wer nennt das Ingesind und wer die Gäste,
Die seiner warten in der Väter Haus?

Der Küchenmeister Schabkrust ruft zum Mahle,
Der Rosse sorgt der Marschalk Hinkebein,
Schenk Lauterwasser reicht ihm die Pokale,
Das Prachtgewand der Truchseß Fadenschein.
Als Kämmerer stehen, seines Winks gewärtig,
Vergeudegold und Schuldenschwer, sein Sohn,
Am Palas baut der Bauherr Nimmerfertig,
Vom Torturm bläst der Wächter Klageton.[50]

Der Nachbar Zeitversaum kommt angeritten,
Herbstgelben Rocks, schwerhörig und halbblind ..
Mit ihm, schwarz angetan in Klostersitten,
Jungfräulein Reue, sein geliebtes Kind ...
Und alles Laub verwelkt im Wald zur Stunde,
Denn ihnen folgt das dürrste Schwesternpaar:
Frau Langeweile mit dem Gähnemunde,
Frau Schwermut mit dem aschenfahlen Haar.

---

gain la fée im Erec v. 1945 u. s. w.

[50] Eine ganz ähnliche Gesellschaft half dem edeln Tanhuser beim Bau seines
Hauses:

Ich denke, erbuwe ich mir ein hus nach tumber liute rate.
die mir des helfen wellent nu, die sint also genennet:
Unrat unt her Schaffeniht die komen mir vil drate,
und einer, heizet Seltenrîch, der mich vil wol erkennet;
der Zadel und der Zwivel sind min stetez ingesinde;
her Schade und ouch her Unbereit ich dikke bi mir vinde.
und wirt min hus also vollbraht von dirre massenîe,
so wizzet, daz mir von dem buwe her in der buosen snîe.

v. d. Hagen, Minnesinger II, 94.

Frischauf, ihr Fiedler! Mit Posaun' und Geigen
Begrüßt mein Haus und meiner Gäste Chor!
Wir stampfen unsern Bärenhäuterreigen
Beim dürren Tännlein vor dem Palastor.
Das Fest zu krönen mangelt nur die Herrin,
Die uns solch Glück geruhte zu verleihn,
Ein Narr wie ich verdient auch seine Närrin:
Frau Aventiure komm, wir harren dein!

So klang mein Lied, spätnächtlich mich zu höhnen
Bei leerem Krug und düsterm Kienspanstrahl,
Der Gaden schwankte in der Windsbraut Stöhnen
Und Regenwolken schauerten durchs Tal.
... Da hör' ich fern ein silbern Hörnlein blasen ...
Hei, süßer Ton, wie triffst du mich ins Herz!
Die alte Freundin geistert auf den Straßen
Und all mein Sehnen schwingt sich irrfahrtwärts.

Auf und hinaus! bringt Roß und Schwert und Zither!
Geliebtes Traumbild, Dank, daß du mich rufst!
Nun folg' ich dir als treuster deiner Ritter,
Vergessend aller Not, die je du schufst.
Dürr sind des regelrechten Lebens Kränze,
Die blaue Blume blüht nur im Gedörn;
Auf und hinaus! ... im sturmdurchbrausten Lenze
Fahr ich dahin und suche meinen Stern.

Des Meisters Konradus Spur

Dizze vil alte maere
het ein schrîbaere
wîlen an ein bouch geschriben.
des en ist ez niht beliben,
ez ensî ouch dâvon noch bekant
wie die von Burgonden lant
mit freude in ir gezîten

in manigen landen wîten
ze grôzem prîse waren komen.

die Klage V. 17.

.. Die Bischofsleute sprachen viel beim Mahle
Von alter Zeit; ihr Lehrgespräch war laut.
Nun rast' ich still im fensteroffnen Saale,
Der nach der Luft und nach der Donau schaut.

Wie strömt im Rahmen schlanker Säulenbogen
Zu Füßen mir der Strom stolzherrlich hin!
Verglühend Sonnenrot besäumt die Wogen,
Die breit und mächtig lautlos ostwärts ziehn.

Ein alt Brevier, wie's vor zweihundert Jahren
Den Chorherrn üblich, ruht in meiner Hand;
Der Burgkaplan bracht's bei, um zu erfahren,
Ob uns von Meister Cuonrât nichts bekannt.

Denn wo am Schluß vier Blätter freigeblieben,
Stehn wie Geblüm, das um ein Kirchtor rankt,
Lateinisch noch vier Lieder hingeschrieben
Von Greisenhand, die zittrig kritzt und schwankt.

Ich lese sie. Mein Auge schwimmt in Tränen:
»Wer war der Greis, den Worms solch Lied gelehrt?
Wem in der Ostmark galt sein steuernd Sehnen?
In welchem Grenzkampf schwang auch er ein
Schwert?«

.. Und flüsternd hör' ich's durch die Blätter beben:
»Verfahrner Mann, dir sind die Toten hold.
Folg dieser Spur, und du wirst Schätze heben,
Nicht weit von hier blinkt Nibelungengold!«

Vernehmt, was im Brevier lateinisch stand:

I.

Zu Wormse auf dem Rheine
Da ist ein Hof gemacht,
Lang und breit von Rosen
In königlicher Pracht.

Ein Feld breit einer Meilen
Trägt blühend Strauch um Strauch,
Bis zu dem andern Ufer
Schwingt sich des Wohlruchs Hauch.

Vier Türme von grauen Steinen
Die Pforten sollen sein;
Die Türen elfenbeinen
Schimmern in weißem Schein.

Auf jedem Turme dräuet
Von Golde rot ein Aar,
Die leuchten durch die Mitternacht
Wie Mittagsonnen klar.

Voll Golde sind die Schlösser,
Die vor den Pforten stehn,
So wohlgetan wird selten
Ein Hof von Rosen gesehn.

Wer schuf den Hof so tauglich?
Eine Maid hat das getan,
Die ist eines Königs Tochter,
Von ihr sagt man uns an:

Sie hat sich angetrauet
Einem Degen wohlbereit,
In den Rosen will sie merken
Seine Frömmigkeit.

Er gleichet einem Falken
Und trägt eines Löwen Mut;
Er hält in seinen Händen
Ein Schwert so groß und gut.

Das ist von Nibelungen
Ein Gewaffen also fest,
Daß er von keinem Uebermut
Seine Mannkraft zwingen läßt.

Es hüten mit ihm der Rosen
Zwölf der besten Mann,
Die in keines Königs Lande
Man besser finden kann.

Die Pforten sind weiß und golden,
Unbeschlossen die Tor',
An jeglicher Pforte liegen
Die edeln Hüter davor.

Der dort den Preis erwirbet
Zu Wormse auf dem Rhein:
Man gibt ihm eine Jungfrau küssen
Und ein Rosenkränzclein!

II.

Kosewind, Tosewind, biege die Segel mir,
Mutig durchflattre, Kreuzwimpel, die Luft!
Glückverwandt, rechterhand fliegen die Vögel mir,
Alpen erglühn in ferngoldenem Duft.

Lang schlich durch bergwaldumschlossene Wilde
Strömung wie Fahrzeug sich einsam und träg,
Menschenbewohnte weit offne Gefilde
Schauet das Aug' jetzt frohlockend am Weg.

Schwinge die Kappe, mein rudernder Verge,
Grüße den Traunstein, des Haupt dort erglüht:
Das sind des Steierlands bläuliche Berge,
Das ist die Ostmark, nach der es uns zieht.

Eile voraus uns, vielflutige Welle!
Wehender Windeshauch, eile voraus!
Fernab an nußbaumumschatteter Stelle
Melde dem wehrhaften Markgrafenhaus:

Passauer Kähne durchrudern wie Schwäne
Im Namen Maria die strudelnde Bahn;
Nach Bechelaren kommt sehnend gefahren
Meister Konradus, der steuernde Mann.

III.

Fern im Ost beginnt die Sonne
Ihren Welterleuchtungsgang,
Frühlingsgrün und Erntewonne
Sprossen ihrer Spur entlang.
Was da kreucht im dunkeln Tale
Und den Zug zu Gott verspürt,
Wird von ihr und ihrem Strahle
Morgenfreudig angerührt.

Und sie scheint von hohen Warten
Auf der Ostmark Saatenfeld,
Das als frischen Neubruchgarten
Deutsche Kraft sich hier bestellt.
Gotteshäuser, Burgen, Städte,
Starker Bauern Einigung,
Wachsen frohsam um die Wette
Mit der Geister ernstem Schwung.

Morgennebel, fein und tauig,
Liegen ob dem jungen Land,
Doch durch ihre Hüllen schau' ich,

Was die Zukunft ihm noch plant.
Aufgeprägt mit Pflug und Schwerte
Steht dem Boden rings die Schrift:
»Dieses ist geweihte Erde,
Keine Steppenpferdetrift.

Reich von deutschem Blut gedünget
In schier hundertjähr'gem Streit,
Von Gesittung neu verjünget
Reift sie einer guten Zeit,
Und der Christenheit zum Walle
Wird ein Oesterreich erstehn,
Dessen Banner wider alle
Heidenschwärme sieghaft wehn.«

Drum wohlauf, du frommer Streiter,
Der als Graf die Mark bewacht;
Wohlauf, ihr schweren Eisenreiter,
Deren Reigentanz die Schlacht:
Goldner Wein, Gefahr und Liebe
Blühen uns als Grenzhutlohn...
Und den Hunnen deutsche Hiebe,
Daß sie heulend fliehn davon!

IV.

Die Wellen fliehn und blinken
heut wie vor alten Jahren,
Vom Kahn laß mich dir winken,
Du gute Bechelaren!

Wohin sind die gegangen,
Die Hort und Schmuck dir waren?
In Tränen tau'n die Wangen...
Du gute Bechelaren!

Ich nur bin übrig blieben
Mit weißverschneiten Haaren,

Zu klagen um die Lieben...
Du gute Bechelaren!

Mein Schiff, bald wird's zerspringen
Und Bretter leihn zu Bahren ..
Bald hörst du ein Grablied singen,
Du gute Bechelaren!

Mich sehnt nach andrem Steuren,
Mich sehnt nach andrem Fahren;
Bald find' ich deine Teuren,
Du gute Bechelaren!

Auf wilden Bergen

Nach Prunk und Glanz und höfischem Behagen
In Steingeröll und Hochtaleinsamkeit ...
Wohin, wohin hat mich der Sturm vertragen,
Seit daß ich sieglos sang im Sängerstreit!
Blauleuchtend starrt die Eiswand auf mich nieder,
Demanten blitzt im Sonnenstrahl ihr Firn,
Ein schneeblank Linnen hüllt die starken Glieder,
Durchsichtige Wölklein schleiern ihre Stirn.

Der Lärm erschweigt im Anhauch solcher Riesen,
Kein Vogel singt im braunen Arvenwald;
Das Mankei nur huscht linkisch durch die Wiesen
Und birgt sich pfeifend in dem Felsenspalt.
Doch rings ersprudeln Quellen frischen Lebens,
Im Urgestein gesäugt von Wolkentau,
Die Seele schöpft sich Schwungkraft neuen Strebens
Und schaut getröstet in des Himmels Blau.

Hier denk' ich dein, du milder Fürst im Norden,
Und meine Grüße schweben in dein Land:
Ich weiß, du bist an mir nicht irr geworden,
Ob alle mich vergessen und verkannt.
Und sähst du mich auf dieser Wildnis Klippen

Sinnierend ob des Firns erstarrter Flut,
Wie ehmals spräch' das Lächeln deiner Lippen:
»Laßt ihn gewähren, denn sein Drang ist gut.«

Wer sich auf Dichten peint, folgt dunkeln Geistern
Und wird dem Weltlauf windsbrautgleich entführt;
Ihr Joch ist rauh, doch wen sie niemals meistern,
Der hat des Schöpfers Odem nie verspürt.
Sie leiten jeglichen nach seiner Weise,
Daß ihm der Schönheit Offenbarung kund...
... Mich zu den Gemsen, wo in ewigem Eise
Geheimnisvoll saphirhell gähnt der Schlund.

Im Gletscherabstrom stund mein Jagdwein kühle
Und füllt den Kürbisbecher kalt und klar:
Froh bring' ich ihn, den Glimmerblock zum Pfühle,
Als Weihetrunk Frau Aventiuren dar.
Sie hat mir reichlich Weh und Leid gespendet,
Doch eine Stimme flüstert mir: Bezwing's!
... Der Lieder größtes steht noch unbeendet...
Ich geh' zugrunde – oder ich vollbring's![51]

---

[51] Et sic est vinis per me nescis tu von Osterrich.. Eintrag auf dem letzten Blatt
der Hohenems-Laßnergischen ältesten Handschrift des deutschen Nibelungen-
liedes.

Über tredition

Eigenes Buch veröffentlichen

tredition wurde 2006 in Hamburg gegründet und hat seither mehrere tausend Buchtitel veröffentlicht. Autoren veröffentlichen in wenigen leichten Schritten gedruckte Bücher, e-Books und audio-Books. tredition hat das Ziel, die beste und fairste Veröffentlichungsmöglichkeit für Autoren zu bieten.

tredition wurde mit der Erkenntnis gegründet, dass nur etwa jedes 200. bei Verlagen eingereichte Manuskript veröffentlicht wird. Dabei hat jedes Buch seinen Markt, also seine Leser. tredition sorgt dafür, dass für jedes Buch die Leserschaft auch erreicht wird.

Im einzigartigen Literatur-Netzwerk von tredition bieten zahlreiche Literatur-Partner (das sind Lektoren, Übersetzer, Hörbuchsprecher und Illustratoren) ihre Dienstleistung an, um Manuskripte zu verbessern oder die Vielfalt zu erhöhen. Autoren vereinbaren direkt mit den Literatur-Partnern die Konditionen ihrer Zusammenarbeit und partizipieren gemeinsam am Erfolg des Buches.

Das gesamte Verlagsprogramm von tredition ist bei allen stationären Buchhandlungen und Online-Buchhändlern wie z. B. Amazon erhältlich. e-Books stehen bei den führenden Online-Portalen (z. B. iBookstore von Apple oder Kindle von Amazon) zum Verkauf.

Einfach leicht ein Buch veröffentlichen: **www.tredition.de**

Eigene Buchreihe oder eigenen Verlag gründen

Seit 2009 bietet tredition sein Verlagskonzept auch als sogenanntes "White-Label" an. Das bedeutet, dass andere Unternehmen, Institutionen und Personen risikofrei und unkompliziert selbst zum Herausgeber von Büchern und Buchreihen unter eigener Marke werden können. tredition übernimmt dabei das komplette Herstellungs- und Distributionsrisiko.

Zahlreiche Zeitschriften-, Zeitungs- und Buchverlage, Universitäten, Forschungseinrichtungen u.v.m. nutzen diese Dienstleistung von tredition, um unter eigener Marke ohne Risiko Bücher zu verlegen.

Alle Informationen im Internet: **www.tredition.de/fuer-verlage**

tredition wurde mit mehreren Innovationspreisen ausgezeichnet, u. a. mit dem Webfuture Award und dem Innovationspreis der Buch Digitale.

tredition ist Mitglied im Börsenverein des Deutschen Buchhandels.

Dieses Werk elektronisch lesen

Dieses Werk ist Teil der Gutenberg-DE Edition DVD. Diese enthält das komplette Archiv des Projekt Gutenberg-DE. Die DVD ist im Internet erhältlich auf **http://gutenbergshop.abc.de**